BEI GRIN MACHT SICH IHR
WISSEN BEZAHLT

- Wir veröffentlichen Ihre Hausarbeit,
  Bachelor- und Masterarbeit

- Ihr eigenes eBook und Buch -
  weltweit in allen wichtigen Shops

- Verdienen Sie an jedem Verkauf

Jetzt bei www.GRIN.com hochladen
und kostenlos publizieren

Bibliografische Information der Deutschen Nationalbibliothek:

Die Deutsche Bibliothek verzeichnet diese Publikation in der Deutschen National-
bibliografie; detaillierte bibliografische Daten sind im Internet über http://dnb.d-
nb.de/ abrufbar.

Impressum:

Copyright © 2003 GRIN Verlag, Open Publishing GmbH
Druck und Bindung: Books on Demand GmbH, Norderstedt Germany
ISBN: 9783668202511

Dieses Buch bei GRIN:

http://www.grin.com/de/e-book/321572/der-ekel-in-gottfried-benns-frueher-lyrik-
motive-themen-und-funktionen

Simone Meyer

Der Ekel in Gottfried Benns früher Lyrik. Motive, Themen und Funktionen des Ekels

GRIN Verlag

GRIN - Your knowledge has value

Der GRIN Verlag publiziert seit 1998 wissenschaftliche Arbeiten von Studenten, Hochschullehrern und anderen Akademikern als eBook und gedrucktes Buch. Die Verlagswebsite www.grin.com ist die ideale Plattform zur Veröffentlichung von Hausarbeiten, Abschlussarbeiten, wissenschaftlichen Aufsätzen, Dissertationen und Fachbüchern.

Besuchen Sie uns im Internet:

http://www.grin.com/

http://www.facebook.com/grincom

http://www.twitter.com/grin_com

Der Ekel in Gottfried Benns früher Lyrik. Motive, Themen und Funktionen des Ekels

Simone Meyer

Inhaltsverzeichnis

Aus dem Häßlichen läßt sich viel machen,

aus dem Schönen nichts.[1]

Einleitung

Als menschliche Emotion und als ästhetisches Phänomen ist der Ekel so alt wie die Menschheit selbst und aus unserem Leben nicht mehr wegzudenken. Doch als negativ gewertete Erscheinung scheint die Gesellschaft dazu zu neigen, ihn, wo immer es möglich ist, aus ihrer Wahrnehmung auszublenden.

Aber ist es wirklich so? Möchte tatsächlich niemand etwas von diesem widerwärtigen Gefühl wissen oder es gar erleben?

Das Gegenteil ist oftmals der Fall. Wer möchte nicht ein zweites Mal hinsehen, wenn er z.B. einen Unfall mit Verletzen sieht oder auch nur, wenn er verschimmelte Lebensmittel im Kühlschrank findet?

Die unzähligen Fernsehsendungen über Morde, Autopsien und gewalttätige Psychopathen zeugen davon, dass das Interesse am Ekel gegenüber Tod, Gewalt und Leichen vorhanden ist. Millionen von Menschen schauen täglich an den Bildschirmen zu, wie Andere ermordet und seziert, wie sie aufgeschnitten und analysiert werden. Im Gegensatz zur Realität schauen sie aber nicht weg, sondern bleiben gebannt vor dem Geschehen sitzen.

Die Lust an der Abscheulichkeit des Ekels ist demnach nicht zu leugnen und sie ist schon so alt wie die Menschheit selbst. Als es weder Film noch Foto gab begnügten sich die Menschen mit der Literatur und ebenso, wie wir heute Sendungen verfolgen, die in uns das abscheuliche Gefühl hervorrufen, lasen die Menschen damals Texte, Dramen und Gedichte.

Schon in den Schriften der Antike findet man Passagen über abstoßende Szenen, die bis ins Detail beschrieben sind.

> Da du doch schwarze Zähne hast, mit Runzeln hohes
> Alter dir die Stirne furcht
> und weitauf klafft so scheußlich zwischen dürren Backen
> der Hintern wie bei einer magren Kuh!
> Doch es erregt vielleicht der Busen mich? Die Brüste welk
> wie Stuteneuter!
> Der schlaffe Bauch, die Schenkel, strotzenden
> Waden dürre angefügt?[2]

---

[1] Saner, Hans: Macht und Ohnmacht der Symbole. Essays. Basel 1993, S. 273 Anm. 1.
[2] Horaz: Oden und Epoden (lat.-dt.). Übersetzt und herausgegeben von Bernhard Kytzler, Stuttgart 1978.

Horaz vermerkt in dieser selten übersetzten Epode, dass er mit ihr den Ekel illustrieren wollte. Der Dichter ruft den Topos der sogenannten ‚vetula', der alten Frau als Innbegriff des Ekels auf, zu der ein übler Geruch und auch ein unersättlicher sexueller Appetit auf junge Männer kommt. Auf das unzweideutige Ansinnen der ‚vetula' reagiert das ‚lyrische Ich' bei Horaz aber mit völliger Geringschätzung. An andere Stelle heißt es: „Damit Du ihn mir hoch holst von den stolzen Hoden, musst mit dem Munde du dich mühn!".[3] Dieser Mund ist aber an voriger Stelle als besonders widerlich bezeichnet worden. Gleich, ob hier die geheimen Wünsche des Mannes auf die Frau projiziert werden oder nicht, offenbar geht gerade von dem ekelhaft Verworfenen eine starke sexuelle Faszination aus.

Die bildende Kunst des Mittelalters stellte das Hässliche meist im Zusammenhang mit der Erbsünde oder den Todsünden dar.

Abb 1: Bosch, Hieronymus: Die Kreuztragung Christi, entstanden: 1515-1516 [4]

Hieronymus Bosch malte 1515/16 dieses Bild eines kreuztragenden Christus inmitten von hässlichen Personen, die ihn mit ihren verzerrten Fratzen umgeben. Die Gesichter dieser Menschen sind abstoßend inszeniert und verweisen in ihrer hässlichen Darstellung auf die Ablehnung der Juden im Mittelalter. Eine übertriebene Darbietung körperlicher Merkmale sozialer Minderheiten war zu dieser Zeit ein beliebtes Stilmittel, um deren Eigenartigkeit zu zeigen. Juden wurden oft mit übergroßen Nasen und verzerrter Physiognomie dargestellt. Die Darstellung der Sünder oder Ungläubigen als Lepra- oder Syphiliskranke mit zerfressenen Gesichtern war im Spätmittelalter und in der Renaissance dominant. Der Ekel dient zu dieser

---

[3] Horaz: Oden und Epoden (lat.-dt.).
[4] http://images.zeno.org/Kunstwerke/I/big/1770051a.jpg, aktualisiert am 21.04.2016

4

Zeit der Darstellung von sozialer oder ökonomischer Erniedrigung und lässt den Zuschauer vor der drohenden Scham zurückweichen.

In jeder weiteren Epoche sind solche Darstellungen des Hässlichen, des Verfalls und des Todes in der Literatur und der bildenden Kunst zu finden.

Ziel dieser Arbeit ist es, darzustellen, wie Ekel sich in den frühen Gedichten Gottfried Benns manifestiert. Ich analysiere und erläutere am Beispiel des Morgue-Zyklus und anderer früher Gedichte die Motive, Themen und die Funktionen des Ekels in Benns Dichtungen. Dabei werden die dominanten Faktoren herausgearbeitet, die die Hinwendung des Autors zum Ekel und dessen Darstellung in den frühen Gedichten bedingten und beeinflussten. Das Augenmerk liegt dabei auf der Frage, ob Benn einer bestimmten theoretischen Strömung folgt und, ob er von einer der dargestellten Geistesströmungen, einem literarischen Werk oder einem der Autoren nachhaltig beeinflusst wurde.

Der Benn ist ein giftiger Lanzettfisch, den man zumeist in Leichenteilen
Ertrunkener festgestellt hat.
Fischt man solche Leichen an den Tag, so kriecht gern der Benn aus
After oder Scham oder in diese hinein.[5]

1. Aas, Blut und Sektion – die Morgue

[...] es war ein Zyklus von sechs Gedichten, die alle in der gleichen Stunde aufstiegen, da waren,
vorher war nichts von ihnen da; als der Dämmerzustand endete, war ich leer, hungernd,
taumelnd und stieg schwierig hervor aus dem großen Verfall.[6]

Der Morgue-Zyklus besteht aus fünf Gedichten, zu denen aber aufgrund der ähnlichen
Thematik auch noch „Mann und Frau gehen durch die Krebsbaracke"[7] gezählt wird. Die
folgenden Kapitel beziehen sich zusätzlich, zur vollständigen Erklärung der Thematik sowie
der Symbolik, auf „Saal der kreißenden Frauen",[8] „Der Arzt I",[9] „Der Arzt II",[10] „Der Arzt
III"[11], „Curettage"[12] und „Nachtcafé".[13]

Das Jahr 1912, in dem Benns frühe Gedichte veröffentlicht wurden, bezeichnet Jens als ein
Schicksalsjahr der deutschen Literatur.[14] Georg Heym, ein großer frühexpressionistischer
Schriftsteller, ertrank in der Havel, Trakl bereitete die Ausgabe seiner Gedichte vor und Kafka
schrieb innerhalb kurzer Zeit „Das Urteil"[15] nieder. Es war eines der Jahre, in dem die
Literatur neue Bereiche der Wirklichkeit eroberte. Sie wendet sich auch dem Kranken,
Hässlichen und Ekelerregenden zu. In härterer und brutalerer Weise als die Naturalisten gehen
die Schriftsteller dieser Zeit mit der Realität um. Das Vokabular der Naturwissenschaft und
die medizinische Nomenklatur finden Eingang in die Lyrik.

---

[5] Blei Franz: Das große Bestiarium der Literatur. Hrsg. von Rolf-Peter Baacke. Hamburg 1995, S. 24.
[6] Benn, Gottfried: Lebensweg eines Intellektualisten. In: Ders.: Gesammelte Werke in vier Bänden.
Herausgegeben von Dieter Wellershof. Bd. 4. Stuttgart 1995, S. 45.
[7] Benn, Gottfried: Mann und Frau gehen durch die Krebsbaracke. In: Ders.: Werke. Bd. 3, S. 14f.
[8] Benn, Gottfried: Saal der kreißenden Frauen. In: Ders.: Werke. Bd. 3, S. 16.
[9] Benn, Gottfried: Der Arzt I. In: Ders.: Werke. Bd. 3, S. 11.
[10] Benn, Gottfried: Der Arzt II. In: Ders.: Werke. Bd. 3, S. 12.
[11] Benn, Gottfried: Der Arzt III. In: Ders.: Werke. Bd. 3, S. 13.
[12] Benn, Gottfried: Curettage. In: Ders.: Werke. Bd. 3, S. 17.
[13] Benn, Gottfried: Nachtcafé. In: Ders.: Werke. Bd. 3, S. 18.
[14] Jens, Walter: Sektion und Vogelflug. In: Ders.: Statt einer Literaturgeschichte. Düsseldorf/Zürich 1998, S.
255.
[15] Kafka, Franz: Das Urteil. In: Ders.: Das Urteil und andere Prosa. Stuttgart 1998.

In dieser Zeit erscheint Benns skandalträchtiger Zyklus „Morgue"[16] im 21. Flugblatt des Verlages A. R. Meyer, Berlin-Wilmersdorf. Die Auflage von 500 Exemplaren wurde schnell bekannt und war rasch vergriffen. Der 26-jährige Militärarztanwärter Benn war in literarischen Kreisen vorher eher unbekannt.[17] Aus den Jahren vor der Morgue sind wenige Gedichte bekannt. „Gefilde der Unseligen"[18] und „Raureif"[19] wurden im Februar 1910 abgedruckt. In den sehr frühen Gedichten versuchte Benn zunächst, sich den Stil der zeitgenössischen Dichtung und Naturlyrik anzueignen,[20] bevor er später mit der Tradition brach und eigene Wege ging. Lediglich das Gedicht „schöne Jugend"[21] weist noch auf den Typus der liedhaften Lyrik zurück. Der Titel geht, wie Killy bemerkte, auf eine beliebte Klischee-Bildung epigonaler Lyrik zurück.[22] Er bezeichnet jedoch nicht das menschliche Sujet des Gedichts, sondern die schöne Jugend der Rattenfamilie, die in einer Leiche aufwuchs. Benn hat ohne Zweifel mehr geschrieben, das nicht veröffentlicht wurde.

> Also ich war hier, wohnte in der Wilhelmstr. 10, und in Berlin-Lichtenfelde gab es eine Zeitschrift mit dem Titel ‚Romanzeitschrift'. Die hatte eine Rubrik, in der anonym eingesandte Gedichte rezensiert wurden. Dorthin schickte ich damals Gedichte und wartete nun zitternd einige Wochen auf das Urteil. Es kam und lautete ‚G.B. – freundlich in der Gesinnung, schwach im Ausdruck. Senden sie gelegentlich wieder ein.'[23]

Die ersten Gedichte erlangten nicht den Status großer Kunst, wie die Sammlung von 1912 es später tat. Mit „Morgue" landete er jedoch zuerst einen Skandal:

> Die Presse wusste sich, bis auf wenige Ausnahmen nicht zu helfen und fand den einzigen Ausweg darin, daß sie ein Indianergeheul der Entrüstung und Wut ausstieß.[24]

Benn wolle dem Leser „den Hals voll Ekel propfen"[25] bemerkte Kurtz. Else Lasker-Schüler, die später mit Benn intim befreundet war, nannte den Zyklus das „grauenhafte Kunstwunder".[26] Ob es sich tatsächlich um ein Wunder oder nur um ein Produkt von Zivilisationskritik handelt, wird an späterer Stelle behandelt.

---

[16] Benn, Gottfried: Morgue. In: Ders.: Werke, Bd. 3.
[17] Vgl. Ridley, Hugh: Gottfried Benn. Ein Schriftsteller zwischen Erneuerung und Reaktion. Opladen 1990, S. 33.
[18] Benn, Gottfried: Gefilde der Unseligen. In: Ders.: Werke, Bd. 3, S. 350.
[19] Ebd. Raureif, S 394.
[20] Vgl. Killy, W.: Wandlungen des lyrischen Bildes. Göttingen 1956, S. 127f.
[21] Vgl. Benn, Gottfried: Schöne Jugend. In: Ders.: Werke, Bd. 3, S. 8.
[22] Killy, W.: Wandlungen des lyrischen Bildes, S. 127f.
[23] Doktor, Thomas; Carla Spies: Gottfried Benn – Rainald Goetz. Medium Literatur zwischen Pathologie und Poetologie. Opladen 1997, S. 17.
[24] Martens, Wolfgang. In: Benn. Wirkung wider willen. Dokumente zur Wirkungsgeschichte Benns. Hrsg. von Peter Uwe Hohendahl Frankfurt a.M. 1971, S. 89.
[25] Benn. Wirkung wider willen, S. 93.
[26] Ebd. Lasker-Schüler, S. 98.

Die folgenden Seiten haben nicht den Anspruch einer umfassenden Interpretation oder Analyse, sondern sollen lediglich eine Einführung in die frühen Gedichte Benns sein und zeigen, an welchen Stellen und mit welchen Themen und Motive Benn den Ekel in seine Gedichte einbringt.

Fünf der Gedichte des Bandes „Morgue" bilden einen Zyklus, in dem ein sezierender Arzt in der Leichenhalle dargestellt wird.[27] Leichen aus dem Leichenschauhaus sind die Objekte der Beschreibung. Die Toten existieren nicht mehr in ihrer ganzen Körperlichkeit, sondern sind auf einzelne Attribute oder Körperteile reduziert. Meist sind die Leichen nur in oberflächliche Kategorien eingeteilt, z.b. „Bierfahrer",[28] „Dirne"[29] oder auch „weiße Frau"[30]. Mehr erfährt man oft nicht über die Person. Der Leser wird nur über ihren Zustand im Tod informiert und kann als Zuschauer an ihrer Sektion teilnehmen.

Auffallend ist die Entpersonifizierung der Individuen. Die Toten sind nur noch als leblose Subjekte dargestellt, denen jedwede Menschlichkeit entsagt wird. Sie werden auf den „Tisch gestemmt",[31] an ihnen wird herum geschnitten, sie werden aufgebrochen, als wären sie Dinge.[32] Tieren, Blumen oder unbelebten Objekten wird meist mehr Respekt entgegengebracht als den Leichen. Den jungen Ratten in „Schöne Jugend"[33] wird Zweidrittel des Gedichts gewidmet, die Wasserleiche eines jungen Mädchens wird dagegen nur eingangs angeführt. In diesem Beispiel tritt zudem eine Art Naturlyrik zu Tage, die in kompletter Opposition zum Inhalt des Gedichts steht. Tod und Natur, Verwesung und Werden sind in diesem Gedicht vereint. Die Ursache dieser Entpersonifizierung liegt vermutlich in Benns Menschen- und Weltbild begründet.[34] In der Majorität der Gedichten ist ein Zusammenspiel von Tod und Gebären zu beobachten. Seziertwerden und Gebären scheinen in engem Gefüge zu stehen.[35] In „kleine Aster"[36] z.B. wird der Herbstblume durch die Sektion eine Vase gegeben und so zum Leben verholfen. Die Ratten in „Schöne Jugend"[37] erblicken erst durch

---

[27] Vgl. Sahlberg, Oskar: Gottfried Benns Phantasiewelt. „Wo Lust und Leiche winkt". München 1977, S. 27.
[28] Benn, Gottfried: Schöne Jugend. In: Ders.: Werke, Bd. 3, S. 7.
[29] Benn, Gottfried: Negerbraut. In: Ders.: Werke, Bd. 3, S. 10.
[30] Benn, Gottfried: Schöne Jugend. In: Ders.: Werke, Bd. 3, S. 8.
[31] Ben, Gottfried: Kleine Aster. In: Ders., Bd. 3, S. 7.
[32] Benn, Gottfried: Schöne Jugend. In: Ders.: Werke, Bd. 3, S. 8.
[33] Ebd.
[34] Vgl. Kapitel 3.3.
[35] Vgl. ebd.
[36] Benn, Gottfried: Kleine Aster. In: Ders.: Werke, Bd. 3, S. 7.
[37] Benn, Gottfried: Schöne Jugend. In: Ders.: Werke, Bd. 3, S. 8.

die Sektion das Licht der Welt, während sie vorher wie Embryonen im Körper der Leiche herangewachsen sind.

Anklänge an christliche Themen sind in der Mehrheit von Benns frühen Gedichten auffindbar. So tritt in „Schöne Jugend"[38] ein mariologisches Thema zu Tage, der Mensch fungiert hier als Gefäß für neues Leben. „Requiem"[39] bildet eine Häufung von religiösen Anspielungen. Die Fleischlichkeit des Menschen ist Gottes Tempel und Teufels Stall zugleich. Dieser religiöse Bezug steht jedoch im Gegensatz zu der zerhackten Körperlichkeit, der in Näpfe gefüllten Leichenteile.[40]

Dort, wo es in Benns frühen Gedichten nicht um Tod oder Leichen geht, spielen Krankheiten eine vorherrschenden Rolle. Die Menschen werden zum Teil auf die gleiche Stufe wie Tiere gestellt. „Die Krone der Schöpfung, das Schwein, der Mensch"[41] wird lediglich durch die Krankheiten der jeweiligen Altersstufe charakterisiert. Er ist nur „Darmkrankheit",[42] „Pickel"[43] oder „Rachenspalte".[44] Der Mensch fängt im Dreck[45] an und endete nach einem Leben voller Krankheiten auch wieder dort.[46]

Benn beschreibt den Tod, die Leichen und Krankheiten mit einem kühlen, fast sezierenden Blick. Es ist aber falsch, daraus zu schließen, dass die Gedichte lediglich seinen Alltag als Arzt beschreiben, auch wenn es nicht zu leugnen ist, dass seine beruflichen Erfahrungen in die künstlerische Arbeit einfließen. Trotz der nahezu 300 Sektionen, an denen Benn während seiner Ausbildung teilnahm[47] sind die Gedichte der „Morgue"[48] aber keine Sektionsberichte, wie es manchmal in der Sekundärliteratur behauptet wird.[49]
Die Frage, ob die frühen Gedichte expressionistisch sind oder eher den Eindrücken und Strömungen des Fin de Siècle und der Dekadenz folgen, wird in späteren Kapiteln

---

[38] Ebd.
[39] Benn, Gottfried: Requiem. In: Ders.: Werke, Bd. 3, S. 9.
[40] Vgl. II 1.1.6
[41] Benn, Gottfried: Der Arzt II. In: Ders.: Gottfried Benn: Werke, Bd. 3, S. 12.
[42] Benn, Gottfried: Der Arzt I. In: Ders.: Gottfried Benn: Werke, Bd., S. 11.
[43] Benn, Gottfried: Nactcafé. In: Ders.: Gottfried Benn: Werke, Bd., S. 17.
[44] Benn, Gottfried: Der Arzt III. In: Ders.: Gottfried Benn: Werke, Bd., S. 13.
[45] Benn, Gottfried: Saal der kreißenden Frauen. In: Ders.: Gottfried Benn: Werke, Bd., S. 16.
[46] Vgl. II.1.1.1.
[47] Vgl. Gottfried Benn: Gedichte in der Fassung der Erstdrucke, Mit einer Einführung Hrsg. von Bruno Hillebrand. Frankfurt a. M. 1982, S. 594.
[48] Benn, Gottfried: Morgue. In: Ders.: Werke, Bd. 3, S. 7-17.
[49] Vgl. Buddecke, Wolfram: Gottfried Benn. In: Deutsche Dichter des 20. Jahrhunderts. Hrsg. Von Hartmut Steinecke. Berlin 1994, S. 272.

behandelt.[50] Schon hier ist zu erwähnen, dass Eyckmann sie aufgrund des Willens zum Befremdlichen und des anklägerischen Tons als expressionistisch deklariert.[51] Zu leugnen ist nicht, dass Benn mittels seiner Gedichte auf die Verfassung des Subjekts in der Zivilisation der Moderne rekurriert. Die Sekundärliteratur ist sich aber auch einig, dass Benn sehr stark von Nietzsches Werke, besonders von seinem Nihilismus, beeinflusst wurde.[52] Im Laufe dieser Arbeit soll deutlich werden, welche Einflussfaktoren dominant sind und zu dem Überfluss an Ekelerregendem und Hässlichen in den frühen Gedichten führen.

Offensichtlich ist, dass in der Motivik von Tod, Leichen, Innereien und Krankheiten das Ekelhafte dominiert. Aufgrund dieser Dominanz wirkt es zwar weiterhin schockierend, verliert aber zusehens seinen Platz als Gegenpol zum Schönen.

Zum Abschluss dieser Einführung ist noch zu erwähnen, dass Benn keinesfalls der Erste war, der das Ekelhafte in die Kunst brachte. Wie oben erläutert, hat sich schon Baudelaire das Grässliche als Stilmittel zu eigen gemacht. Die Morgue-Thematik ist aber auch in Rilkes „Die Aufzeichnungen des Malte Laurids Brigge"[53] zu finden. Das Thema von „Mann und Frau gehen durch die Krebsbaracke"[54] ist ebenfalls schon in diesem Text angelegt. Dort heißt es:

Jetzt wird in 559 Betten gestorben. Natürlich fabrikmäßig. Bei so enormer Produktion ist der einzelne Tod nicht so gut ausgeführt, aber darauf kommt es auch nicht so an. Die Masse macht es.[55]

Sowohl das Motiv des Massentodes, bei dem die Menschlichkeit gegenüber der Verdinglichung zurücktritt, als auch die Verharmlosung der Degeneration ist hier zu finden.

Der Aspekt des extrem Hässlichen ist ebenfalls in Rilkes „Die Aufzeichnungen des Malte Laurids Brigge"[56] vorgeprägt. Dort spitzt sich die Beschreibung von abstoßend Hässlichem zu, wenn etwa „grüner Schleim"[57] oder „Kadaver"[58] und „Abzesse"[59] genannt werden.

---

[50] Vgl. II. 3
[51] Vgl. Eyckmann, Christoph: Die Funktion des Hässlichen in der Lyrik Georg Heyms, Georg Trakls und Gottfried Benns, S. 135.
[52] Vgl. Balser, Hans-Dieter: Das Problem des Nihilismus im Werke Gottfried Benns. Bonn 1965.
[53] Rilke, Rainer Maria: Die Aufzeichnungen des Malte Laurids Brigge. In: Ders.: Gedichte und Prosa. Köln 2000, S. 91-297.
[54] Benn, Gottfried: Mann und Frau gehen durch die Krebsbaracke. In: Ders.: Werke, Bd. 3, S. 14.
[55] Rilke, Rainer Maria: Die Aufzeichnungen des Malte Laurids Brigge. In: Ders.: Gedichte und Prosa, S. 95.
[56] Rilke, Rainer Maria: Die Aufzeichnungen des Malte Laurids Brigge, S. 91-297.
[57] Rilke, Rainer Maria: Die Aufzeichnungen des Malte Laurids Brigge, S. 121.
[58] Rilke, Rainer Maria: Die Aufzeichnungen des Malte Laurids Brigge, S. 246.
[59] Ebd.

Zudem hat auch Rilke ein Gedicht mit dem Titel „Morgue"[60] verfasst. Im Unterschied zu Benn greift Rilke aber nicht auf eine harte, fast brutale Sprache zurück, um die Stimmung gegen den sinnlosen und unangemessenen Tod in der unpersönlichen Großstadt einzufangen.[61] Er nutzt nicht Bilder des Hässlichen, sondern richtet den Blick nach Innen. In ähnlichen Bildern gebraucht er, darin entspricht Benn ihm, die Verbindung von Tod und Sexualität und den sinnlos gewordenen Kreislauf von Tod und Geburt. Anklänge an Liliencorn, den Benn um 1905 als seinen Gott bezeichnete, werden besonders von Ridley thematisiert.[62] Die Passage „Im Haar ein Nest von jungen Wasserratten",[63] aus Heyms „Ophelia",[64] weist zudem eklatante Ähnlichkeit mit Benns Gedicht „Schöne Jugend" auf[65]. Die Beschreibung einer von Ratten fast zernagten Toten steht der medizinisch-sachlichen Beschreibung Benns sehr nahe.[66] Im Unterschied zu der Darstellungsweise Benns, die später thematisiert wird, erfolgt bei Heym eine Emotionalisierung der Toten. Obwohl Benn der erste war, der die Verfalls- und Krankheitsmotivik mit solcher Härte durchhält, hat er sicherlich in den erwähnten Autoren seine Vorbilder gehabt.

Im folgenden Kapitel werde ich die dominierenden Symbole des Ekelhaften näher analysieren und deren Funktion erläutern.

1.1. Worte des Ekels – Wortwahl und Symbolik in Benns frühen Gedichten

Die Themen der Morgue-Gedichte sowie „Mann und Frau gehen durch die Krebsbaracke"[67], „Saal der kreißende Frauen",[68] "Der Arzt I",[69] „Der Arzt II",[70] „Der Arzt III",[71] „Curettage"[72] und „Nachtcafé"[73] sind hauptsächlich Tod, Sektion, Krankheit, die Vergänglichkeit der Leiblichkeit an sich. Im Folgenden soll näher auf die Motive und Symbole des Ekels eingegangen werden, die eine Schockwirkung beim Leser erzielen sollen.

---

[60] Rilke, Rainer Maria: Morgue, S. 743.
[61] Ridley, Hugh: Gottfried Benn. Ein Schriftsteller zwischen Erneuerung und Reaktion, S. 59.
[62] Ebd., S. 55 f f.
[63] Heym, Georg: Ophelia. In: Ders.: Gedichte. Herausgegeben und mit einem Nachwort versehen von Stephan Hermlin. Frankfurt a.M. 1966, S. 57.
[64] Ebd.
[65] Benn, Gottfried: Schöne Jugend. In: Ders.: Werke, Bd. 3, S. 8.
[66] Ridley, Hugh: Gottfried Benn. Ein Schriftsteller zwischen Erneuerung und Reaktion., S. 60.
[67] Benn, Gottfried: Mann und Frau gehen durch die Krebsbaracke. In: Ders.: Werke, Bd. 3, S. 14f.
[68] Benn, Gottfried: Saal der kreißenden Frauen. In: Ders.: Werke, Bd. 3, S. 16.
[69] Benn, Gottfried: Arzt I. In: Ders.: Werke, Bd. 3, S. 11.
[70] Benn, Gottfried: Arzt II. In: Ders.: Werke, Bd. 3, S. 12.
[71] Benn, Gottfried: Arzt III. In: Ders.: Werke, Bd. 3, S. 13.
[72] Benn, Gottfried: Curettage. In: Ders.: Werke, Bd. 3, S. 17.
[73] Benn, Gottfried: Nachtcafé. In: Ders.: Werke, Bd. 3, S. 18.

Schon Horch[74] hat sich in seiner Dissertation mit der Wortwahl Benns beschäftigt. Mit Hilfe der damaligen Datenverarbeitung analysierte er das Vokabular in Benns Lyrik. Dabei stellte er fest, dass „Blut",[75] „Gehirn", „Leiden", „Tier" „Tod" „Fleisch", „Geburt", „krank", „Leiche", „Qual" und „Wunde" zu den Begriffen gehören, die in Benns gesamtem lyrischen Werk in gehäuftem Maße auftreten (mehr als 40 mal). Wichtig ist aber auch zu betrachten, im Verbund mit welchen anderen Ausdrücke sie oft auftreten. So findet man z.b. im Zusammenhang mit „Blut" oft auch „Mann", „Gehirn", „Fleisch" und „Wunde", „brechen" tritt mit „Gehirn", „Leiche", „Fleisch" auf. „Tier" ist im Verbund mit „Mann", „Blut", „Leiche", „riechen", „Geburt", „fressen", „Tod" mit „Abend", „krank", „Lust", „Fleisch" mit „brechen", „Brust", „Schrei", „Hure" zu finden. Im Zusammenhang mit „Geburt" steht „Tier", „Gehirn", „riechen", um nur einige von Horchs Ergebnissen zu referieren. Die Elemente erhalten durch ihre Verbindung die jeweilige Bedeutung im Kontext des Gedichts. Ihre schockhafte Wirkung, die zumindest in den frühen Gedichten indiziert ist, wird mittels Paarung und Häufung der Elemente erhöht.

Auffällig ist die Anhäufung der Worte „Gehirn", „Fleisch", „riechen" und „fressen".[76] Einzeln sind die Worte relativ harmlos, doch in ihrer Paarung entfachen sie Ekel. Sie gehören dann einem Themenkreis an, dessen positive Interpretation nicht möglich ist. Der Leitgedanken des Verfalls und der Vertierung bestimmt sie.

Im Folgenden wird aufgezeigt, wie sich die schon aufgezeigte Wortwahl Benns in den frühen Gedichten widerspiegelt und mit welchen Symbolen und Themen Benn eine ekelerregende Schockwirkung beim Leser erzielt.

Analysiert man die Wortwahl Benns in seinen frühen Gedichten, so fällt auf, dass sich die Wörter in Kategorien einteilen lassen. Nach eingehender Analyse habe ich 14 verschiedene Kategorien bzw. Themenkreise mit insgesamt 20 Unterkategorien ausmachen können. In Anhang I sind die kompletten Listen zu finden. Zur Erklärung der Analyse werden nur ausgewählte Beispiele genutzt und auch der Handlungszusammenhang der Gedichte wird berücksichtigt. Die Oberkategorien gliedern sich in 1. menschliches Sein und Vergehen, 2. Geschlechtlichkeit/Geburt, 3. Nahrung/Ernährung, 4. Personen, 5. Dinge, 6. Tiere, 7. Soziale

---

[74] Horch, Hans Otto: Gottfried Benn – Worte Texte Sinn. Darmstadt 1975, Anhang.
[75] Alle Zitate zwischen den Fußnoten 252 und 253 sind dem Anhang von Horchs Werk entnommen.
[76] Siehe S. 42

Aspekte, 8. Religiöse Elemente, 9. Schönes, 10. Medizinisches/Sektion, 11. Vergänglichkeit, 12. Ruhestätten Liegestätten, 13. Verben der Bewegung, des Handelns, 14. Eklige Adjektive/Verben, 15. Farben.

Schon diese Übersicht zeigt, dass dem Schönen in der Bennschen Lyrik ein sehr kleiner Teil zukommt, was auch am Inhalt der Gedichte offensichtlich ist. Zur genauen Funktion des Schönen siehe Kapitel 1.1.7.

Im Folgenden werde ich die wichtigsten Kategorien herausgreifen und deren Inhalte erläutern.

1.1.1 Menschliches Sein und Verderben

Diese Kategorie, mit ihren sieben Unterkategorien (a. Leiblichkeit – außen, b. Leiblichkeit – innen, c. Ausscheidungen/Körperflüssigkeiten, d. Krankheiten, e. Deformationen, f. Todesursachen, g. Ausdruck von Schmerz/Leid) bildet den größten Teil. Betrachtet man die Themen der behandelten Gedichte, so wird offensichtlich, dass in diesen das menschliche Sein und dessen Vergehen die Hauptrolle spielt. Im Folgenden werde ich nur auf die dominantesten Kategorien und ihre Elemente eingehen.

„Kleine Aster"[77] handelt von der Sektion eines ertrunkenen Bierfahrers, „Schöne Jugend"[78] von der Leiche eines ertrunkenen Mädchen, „Kreislauf"[79]von der Sektion einer Dirne, „Negerbraut"[80] von einer weißen weiblichen Leiche und einem toten Schwarzen. „Der Arzt" I, II, III,[81] beschreiben verschiedene Krankheiten und körperliche Deformationen. In „Saal der kreißenden Frauen"[82] und „Curettage"[83] ist nicht von Leichen und Toten die Rede, aber trotzdem ist auch hier der menschliche Körper das Hauptthema. Statt der Sektion der Leichen steht die Geburt im Mittelpunkt. Der Vorgang wird aber nicht, wie erwartet, positiv beschrieben, sondern folgt der erschreckenden Symbolik der anderen Gedichte.

---

[77] Benn, Gottfried: Kleine Aster. In: Ders.: Werke, Bd. 3, S. 7.
[78] Benn, Gottfried: Schöne Jugend. In: Ders.: Werke, Bd. 3, S. 8.
[79] Benn, Gottfried: Kreislauf. In: Ders.: Werke, Bd. 3, S. 8.
[80] Benn, Gottfried Negerbraut. In: Ders.: Werke, Bd. 3, S. 9.
[81] Benn, Gottfried: Der Arzt I-III. In: Ders.: Werke, Bd. 3, S. 11-13.
[82] Benn, Gottfried: Saal der kreißenden Frauen. , S. 16.
[83] Benn, Gottfried: Curettage. In: Ders.: Werke, Bd. 3, S. 17.

Fleischlich-Hässliches bildet demnach die Hauptthematik Benns. Betrachtet man die Kategorien 1.a und 1.b, so findet man in der Wortliste nahezu die gesamte menschliche Anatomie wieder. Wider jeder Erwartung benutzt Benn, der erfahrene Arzt, aber nicht die medizinische Nomenklatur, sondern bedient sich generell bekannter Beschreibungen für die einzelnen Körperteile. Von Haut[84] anstelle von Derma, Brust[85] statt Mama, Zwerchfell[86] an der Stelle von Diaphragma, Leber[87] für Hepar, Stirn [88]anstelle von Frons, Darm und sogar Gedärmen ist die Rede. Trotz der in der Sekundärliteratur vielfach erwähnten Kühle der Beschreibung und der distanzierten Objektivität, erfährt dies eine Begrenzung, wenn anstelle der medizinischen Fachtermini die umgangssprachlichen Namen gebraucht werden. Von der Hypothese, die Gedichte seien medizinische Sektionsberichte[89] kann man daher Abstand nehmen und eher unterstellen, dass Benn wollte, dass alle Leser seine Gedichte verstehen und rezipieren können. Deutlicher wird dies noch, betrachtet man weitere Kategorien.

Es gibt viel Blut in Benns Gedichten, doch selten ist es lebendig. Meist ist es das Blut von Toten. Es ist „kalt",[90] „dunkel"[91] und tot. Das Blut ist so unbelebt, wie die Leichen es sind, in denen es einst floss. Dort, wo es nicht tot ist, wird es mit Krankheit in Verbindung gesetzt. In „Mann und Frau gehen durch die Krebsbaracke"[92] blutet ein Patient „wie aus dreißig Leibern",[93] Frauen bei der „Curettage"[94] sind „krank nach Blutung".[95] Bei Benn gibt es kein blutdurchströmtes Leben. Der Verfall des Menschen schwingt immer mit. Die Menschen sondern Kot, Urin und Schweiß ab, sie leiden an „Darmkrankheit"[96] und „Filzläusen",[97] sind gezeichnet von „Löchern",[98] „Rachenspalten"[99] und „Furchen".[100] Schließlich sterben sie und landen auf dem Seziertisch.[101] Die erwähnte Umgangsprachlichkeit der Beschreibungen zieht

---

[84] Benn, Gottfried: Der Arzt II. In: Ders.: Werke, Bd. 3, S. 12.
[85] Benn, Gottfried: Kleine Aster. In: Ders.: Werke, Bd. 3 , S. 7.
[86] Benn, Gottfried: Schöne Jugend. In: Ders.: Werke, Bd. 3, S. 8.
[87] Ebd.
[88] Benn, Gottfried: Negerbraut. In: Ders.: Werke, Bd. 3, S. 9.
[89] Vgl. Buddecke, Wolfram: Gottfried Benn. In: Deutsche Dichter des 20. Jahrhunderts. Hrsg. Von Hartmut Steinecke. Berlin 1994. S. 272.
[90] Benn, Gottfried: Schöne Jugend. In: Ders.: Werke, Bd. 3, S. 8.
[91] Benn, Gottfried: Negerbraut. In: Ders.: Werke, Bd. 3, S. 9.
[92] Benn, Gottfried: Mann und Frau gehen durch die Krebsbaracke. In: Ders.: Werke, Bd. 3, S. 14.
[93] Ebd.
[94] Benn, Gottfried: Curettage. In: Ders.: Werke, Bd. 3 , S. 16.
[95] Ebd.
[96] Benn, Gottfried: Der Arzt II. In: Ders.: Werke, Bd. 3, S. 12.
[97] Benn, Gottfried: Der Arzt II. In: Ders.: Werke, Bd. 3, S. 12.
[98] Ebd.
[99] Ebd.
[100] Benn, Gottfried: Der Arzt I. In: Ders.: Werke, Bd. 3, S. 11.
[101] Benn, Gottfried: Kleine Aster. In: Ders.: Werke, Bd. 3, S. 7.

sich auch durch diese und die weiteren Kategorien. Wo faule Säfte fließen, von „Geknolle",[102] schieläugigen Menschen und ersoffenen Bierfahrern die Rede ist, da versteht jeder, was gemeint ist. Der Medizinerjargon wird zugunsten einer leichter verständlichen und daher ekligeren Umgangssprache geopfert. Die Schilderung der Situationen erfolgt aus der naturwissenschaftliche Perspektive des Mediziners, dessen Beobachtungsobjekte dem Verfall ausgeliefert sind. Auf Emotionalisierung oder auch Verklärung wird verzichtet. Unterstützt wird der Schockeffekt noch durch verschiedene Ausdrücke von Schmerz und Leid. Die leidenden Menschen wimmern, es wird geschrien, gejammert und geröchelt.[103]

Benn spart nicht an Wendungen des Leidens, wenn es darum geht, die hässliche Vergänglichkeit des menschlichen Lebens darzustellen. Betrachtet man die Wortwahl, die Leiblichkeit des menschlichen Körpers thematisierend, so kann man nur zu dem Schluss kommen, dass es Benn darum geht, die ekelerregende Hässlichkeit des körperlichen Verfalls darzustellen. Im Leiden, im Tod und auch in der Geburt sieht er einen erniedrigenden Aspekt der menschlichen Leiblichkeit. Weder Kranke, Leichen noch Gebärende werden mit einem Hauch Empathie oder auch Mitleid behandelt. Immer herrscht die kein schockierendes Detail auslassende Beschreibung vor. Die nahezu naturalistische[104] Wortwahl unterstützt diesen Effekt und bewirkt beim Leser, damals wie heute, einen nicht zu unterdrückenden Ekel vor dem eigenen Verfall, der ihm vor Augen geführt wird. Die Zeitlichkeit wird durch die wiederholte Symbolik von Blut, Leiden und Qual unterstützt.

Bisher wurde betont, dass der körperliche Verfall im Mittelpunkt der Bennschen Lyrik steht. Betrachtet man Benns Schaffen in den Jahren 1910 und 1914,[105] tritt noch eine weitere Perspektive dazu.

Vor Erscheinen der Morgue-Gedichte veröffentlichte Benn drei kleinere Aufsätze die jüngste Entwicklung in Psychiatrie, medizinischer Psychologie und Naturwissenschaften betreffend. Darin greift er unter anderem die Überwindung des Leib-Seele-Problems auf.[106]

Das Psychische [...], das Unfassbare schlechthin ward Fleisch und wohnt unter uns.[107]

---

[102] Benn, Gottfried: Der Arzt II. In: Ders.: Werke, Bd. 3, S. 12.
[103] Vgl. ebd. Saal der kreißenden Frauen, S. 16.
[104] Die Wortwahl ist nur in dem Sinn naturalistisch, dass sie umgangssprachlich ist. Sie ist ansonsten nicht naturalistisch, da der Aspekt des Erneuerungswillens fehlt.
[105] 1910-11 arbeitete Benn als Unterarzt in der Beliner Charité, von 1912-14 war er Assistenzarzt am pathologisch-anatomischen Institut des Krankenhauses Charlottenburg-Westend.
[106] Vahland, Joachim: Gottfried Benn. Ein unversöhnter Widerspruch. Heidelberg 1979, S. 35.
[107] Benn, Gottfried: Beitrag zur Geschichte der Psychiatrie. In: Ders.: Werke, Bd. 4, S. 417.

Der Mensch wird hier als Einheit begriffen, dessen Seele nicht von seinem Körper getrennt ist. „Die biologische Grundlage der Persönlichkeit" ist „nicht das Großhirn, sondern der ganze Organismus",[108] heißt es Jahre später im „Aufbau der Persönlichkeit".[109]

Geist und Körper sind untrennbar miteinander verbunden. Die Hinfälligkeit des Körpers, die Zentralmotiv der frühen Gedichte ist, bedeutet demnach auch einen geistigen Verfall. Nicht nur der Körper ist von Krankheit und Verfall bedroht, sondern auch der Geist und das Bewusstsein, das in den späteren Gedichten Benns noch eine zentrale Rolle spielen wird. Explizit wird dieser geistige Verfall nur äußerst selten deutlich.

„Sein Gehirn wandelt über eine Nebelsteppe"[110] ist in den behandelten Gedichten die einzige Textstelle, die auch auf die Thematik des geistigen Verfalls schließen lässt. Betrachtet man die Äußerungen in den frühen Aufsätzen, wird klar, dass auch der psychische Verfall immer mitschwingt.

Abgesehen von natürlichem Verfall, Krankheit und Deformation, erscheint das Fleischliche schlechthin als das Ekelhafte. Dabei treten besonders die Vorgänge, die mit Ernährung und Geschlechtlichkeit in Zusammenhang stehen, in den Vordergrund. Im folgenden Kapitel werde ich auf die Kategorie 2 näher eingehen, da sie in Bezug auf Benns frühe Gedichte eine besondere Rolle spielt.

1.1.2 Geschlechtlichkeit und Geburt

Die Sexualität und das positive Ereignis der Geburt finden Platz in Benns frühen Gedichten. Auch hier ist die Perspektive nicht positiv. Die Menschen paaren sich wie Tiere, sie „hurten"[111] miteinander und werden „befruchtet".[112] Sexualität und Tod stehen in engem Zusammenhang miteinander. Die Lust und die Zeugungsorgane sind bevorzugte Todesstätten, Sexualität ein Krankheitsherd. Der Tod nistet sich in „Zerfallenen Schöße"[113] und die „zerfallene Brust"[114] ein. Auch der chirurgische Eingriff bringt gleichzeitig Tod und Lust. Die

---

[108] Benn, Gottfried: Bd. 1 Aufbau der Persönlichkeit, S. 97.
[109] Benn, Gottfried: Bd. 1 Aufbau der Persönlichkeit, S. 90-107.
[110] Ders. Bd. 3, Der Arzt I, S. 11.
[111] Benn, Gottfried: Requiem. In: Ders.: Werke, Bd. 3, S. 10.
[112] Benn, Gottfried: Der Arzt I. In: Ders.: Werke, Bd. 3, S. 11.
[113] Benn, Gottfried: Mann und Frau gehen durch die Krebsbaracke In: Ders.: Werke, Bd. 3., S. 14f.
[114] Ebd.

„Leiber gebären [...] ihr allerletztes Mal",[115] wenn sie ausgenommen werden. Die Patientin der „Curettage"[116] liegt auf dem Operationstisch in „derselben Pose, wie sie empfing".[117] Hinter der „Curettage"[118] zeigt Benn die Sehnsucht nach Tod und Sexualität, nach einem „nahen Untergang".[119] Lust und Tod, Berauschung und Gefangensein in der Fleischlichkeit liegen sehr nah beieinander.

Aus den Schößen der Weiber werden die Früchte der „süßen Leiblichkeit"[120] gepresst und erblicken, eingesalbt von „Kot und Urin",[121] das Licht der Welt. Genau wie der Tod, der durch die eigene Schuld, wie der ersoffene Bierfahrer, herbeigeführt werden kann oder durch Krankheit bewirkt wird und im Dreck auf dem Seziertisch endet, fängt auch das Leben unter Qual im Dreck an. Die Gebärenden schreien, werden aber nicht beachtet.[122] Unter Körperqualen pressen die Frauen das „kleine fleischerne Stück"[123] aus sich heraus. Ein positiver Blick auf das Leben ist auch hier nicht zu finden. Mütter, wie auch Kinder, werden erniedrigend geschildert. Auch die Vermehrung rettet den Menschen nicht vor seinem Verfall. „Jammer und Glück"[124] fallen zusammen und enden wie alles im Tod. Auf der geschlechtlichen Ebene wird der Mensch anscheinend zum Tier, keine einzige Vokabel drückt die Liebe aus, die der Mensch empfinden kann. „Die Krone der Schöpfung, das Schwein, der Mensch"[125] liebt nicht, er hurt herum. Nicht von Frauen und Ehepaaren ist die Rede, sondern von „Weibern",[126] „Huren",[127] „Bierfahrern"[128] und „Gefangenen".[129] Doch worin sind sie Gefangene? In einer von Trieb und Vergänglichkeit gesteuerten Welt? Benn scheint es so zu sehen.

Alles wird geboren, um wieder zu sterben:

[...] Und die Frucht-:
das wird häufig schon verquiemt geboren:

---

[115] Benn, Gottfried: Requiem. In: Ders.: Werke, Bd. 3, S. 10.
[116] Benn, Gottfried: Curettage. In: Ders.: Werke, Bd. 3, S. 17.
[117] Benn, Gottfried: Curettage. In: Ders.: Werke, Bd. 3, S. 17.
[118] Benn, Gottfried: Curettage. In: Ders.: Werke, Bd. 3, S. 17.
[119] Ebd.
[120] Benn, Gottfried: Der Arzt I. In: Ders.: Werke, Bd. 3, S. 11.
[121] Benn, Gottfried: Saal der kreißenden Frauen. In: Ders.: Werke, Bd. 3, S. 16.
[122] Ebd.
[123] Ebd.
[124] Ebd.
[125] Benn, Gottfried: Der Arzt II. In: Ders.: Werke, Bd. 3, S. 12.
[126] Benn, Gottfried: Requiem. In: Ders.: Werke, Bd. 3, S. 10.
[127] Benn, Gottfried: Kreislauf. In: Ders.: Werke, Bd. 3, S. 10.
[128] Benn, Gottfried: Kleine Aster. In: Ders.: Werke, Bd. 3, S. 7.
[129] Benn, Gottfried: Saal der kreißenden Frauen. In: Ders.: Werke, Bd. 3, S. 16.

mit Beuteln auf dem Rücken, Rachenspalten, [...]
-; aber selbst was heil endlich ans Licht quillt, ist nicht eben viel,
und durch die Löcher tropft die Erde: [...][130]

Die Erde des Grabes ist schon bei der Geburt in Sichtweite. Zwischen Leben und Tod hat der Mensch nur ein Ziel, die Triebbefriedigung. Eine auf das Triebhafte reduzierte Ebene zeigt auch das Gedicht „Nachtcafé".[131] Abstoßende Männer werben um verkommene Frauen.

[...]

Junger Kropf ist Sattelnase gut.

Er bezahlt für sie drei Biere.[132]

Bartflechte kauft Nelken,

Doppelkinn zu erweichen. [...][133]

In anderen Gedichten säuft der Bierfahrer, der Leichendiener will tanzen gehen und nutzt zur Geldbeschaffung den Goldzahn einer Toten,[134] andere huren herum und wollen sich vermehren, um schließlich niederzukommen und im Hospiz als vegetierende Kranke auf dem Seziertisch zu enden.

Geschlechtlichkeit bei Benn ist nichts positives, sondern nur Mittel, um geboren zu werden und wieder zu sterben.

Die Geburt ist nicht nur durch verschieden Ausdrücke wie „gebären",[135] „empfing"[136] oder „pressen"[137] zum Thema der Gedichte geworden.

Auf der thematischen Ebene ist sie viel öfter vorhanden. Eine „Kleine Aster"[138] wird wie im Mutterleib im Brustkorb eines Mannes eingenäht und soll sich satt trinken, um zu wachsen. Die kleinen Ratten wuchsen im Leib einer Wasserleiche auf und machten deren Innereien zu ihrer Plazenta. Selbst bei der Sektion ‚gebären' die „Leiber [.] nun ihr allerletztes Mal".[139]

---

[130] Benn, Gottfried: Der Arzt III. In: Ders.: Werke, Bd. 3, S. 13.
[131] Benn, Gottfried: Nachtcafé. In: Ders.: Werke, Bd. 3, S. 18.
[132] Benn, Gottfried: Nachtcafé. In: Ders.: Werke, Bd. 3, S. 18.
[133] Ebd.
[134] Sahlberg, Oskar: Gottfried Benns Phantasiewelt, S. 29.
[135] Benn, Gottfried: Requiem. In: Ders.: Werke, Bd. 3, S. 10.
[136] Benn, Gottfried: Curettage. In: Ders.: Werke, Bd. 3,, S. 17.
[137] Benn, Gottfried: Saal der kreißenden Frauen. In: Ders.: Werke, Bd. 3, S. 16.
[138] Benn, Gottfried: Kleine Aster. In: Ders.: Werke, Bd. 3, S. 7.
[139] Benn, Gottfried: Requiem. In: Ders.: Werke, Bd. 3, S. 10.

Geburt und Tod hängen miteinander zusammen. Wie die Geburt in den Tod übergeht, so kann auch aus dem Tod neues Leben entstehen. Oft handelt es sich dabei nicht um menschliches Leben. Der Mensch erlebt seine Wiederverkörperung in Gestalt eines Tieres oder einer Pflanze. Wird er also nicht nur aufgrund von Benns Beschreibungen entpersonifiziert, sondern auch seiner ganzen Menschlichkeit enthoben und als Blume oder Ratte wiedergeboren?

> [...] Schließlich in einer Laube unter dem Zwerchfell
> fand man ein Nest von jungen Ratten.
> Ein kleines Schwesterchen lag tot. [...][140]

Offen bleibt an dieser Stelle, ob es sich um eine Rattenjunges handelt oder um ein menschliches Embryo, das zusammen mit den Ratten im Leib der Toten lag. Mensch und Tier könnten zusammen im Leib des Mädchens gelebt haben, doch nur das Tier überlebte trotz der widrigen Umstände des Todes und der Wirklichkeit.

Als einer unter vielen wird der Mensch unter Geschrei und Gewimmer in die Welt gesetzt und wenn er gestorben ist, treten andere an seinen Platz. Der Mensch ist ersetzbar und wird sprachlich von Benn mit wesentlich weniger Sympathie als Ratten oder Astern behandelt.[141]

Mit der Thematik der Geschlechtlichkeit verbindet sich auch die Thematik des Lasters und der geschlechtlichen Ausschweifung, die auch Ursache für die Entstellung des menschlichen Leibes sein kann. Die Brüste der schönen jungen Tote in „Negerbraut"[142] sind „[...] noch unentstellt durch Laster und Geburt."[143] Auch das hat sie allerdings nicht vor dem Tod gerettet.

1.1.3 Nahrung, Ernährung

Neben der Paarung tritt auch der Fraß in den Fokus des Dichters. Auch dabei ist jedoch nichts Positives zu finden. Zumindest dann nicht, wenn es um den Menschen und sein Verhältnis zu

---

[140] Benn, Gottfried: Schöne Jugend. In: Ders.: Werke, Bd. 3, S. 8.
[141] Vgl. Benn, Gottfried: Saal der kreißenden Frauen. In: Ders.: Werke, Bd. 3, S. 16.
[142] Ebd. Negerbraut, S. 9.
[143] Ebd.

Nahrung und Ernährung geht. Ferner fällt auf, dass in den behandelten Gedichten der Mensch niemals Nahrung zu sich nimmt, sondern nur ausscheidet oder an den Folgen übermäßigen Nahrungsgenusses in Form von Fett zu leiden hat. Der Ausspruch „Sieh, dieser Klumpen Fett"[144] verweist auf die Fettleibigkeit und Fettgeschwulst eines krebskranken, leidenden Menschen. Bewusst oder unbewusst wird damit die Fettgeschwulst mit einer todbringenden Erkrankung in Verbindung gesetzt und somit in den Kreis des Tödlichen und Verfallbringenden gebracht. Zugleich wird aber auch bemerkt, dass die Kranken jetzt nur noch wenig verzehren und vor sich hin siechen.[145] Das Essen bringt den Tod und das Hungern verlängert das Leiden zusätzlich.

Dem Ausscheiden wird weit mehr Platz in den Texten gewidmet. Will man schon im täglichen Leben nichts von Ausscheidungen hören, weil sie immer mit Ekel und Schamgefühl in Verbindung gebracht werden, so bewirken sie auch in Benns Gedichten eine nicht zu überwindende Neigung zum Ekel. Der Verfall des Menschen im Alter wird mit einer Fehlfunktion seiner Darmtätigkeit assoziiert, wenn „[...]die Greisin Nacht für Nacht [...]"[146] ihr Bett „verkackt"[147] und sich „[...] der Greis die mürben Schenkel zu [...]"[148] schmiert. Der Niedergang bezieht sich auf den gesamten Körper. Nicht nur im Alter, auch schon bei der Geburt ist der Mensch von Kot und Ausscheidungen umgeben.[149] Wieder einmal ist zu beobachten, dass alles im Schmutz anfängt und wieder dort endet.

Im Gegensatz zu der von Fraß und Verdauung geprägten menschlichen Ernährung, versorgt Benn Tiere und Pflanzen fast fürsorglich. Im Zusammenhang mit der Aster sind Worte wie „satt"[150] und „trinken"[151] zu finden. Nahezu zärtlich wird der Blume befohlen sich in ihrer menschlichen Vase zu sättigen.

---

[144] Benn, Gottfried: Mann und Frau gehen durch die Krebsbaracke. In: Ders.: Werke, Bd. 3, S. 14f.
[145] Ebd.
[146] Benn, Gottfried: Der Arzt II. In: Ders.: Werke, Bd. 3, S. 12.
[147] Ebd.
[148] Ebd.
[149] Benn, Gottfried: Saal der kreißenden Frauen. In: Ders.: Werke, Bd. 3, S. 16.
[150] Benn, Gottfried: Kleine Aster. In: Ders.: Werke, Bd. 3, S. 7.
[151] Ebd.

1.1.4 Personen, Dinge und Tiere

In den Kategorien 4-6 sind sämtliche Worte aufgezählt, die Personen, Dinge und Tiere beschreiben. In Kategorie 4 fällt besonders auf, dass die Personen niemals näher durch Namen klassifiziert werden, sondern nur durch ihre Funktion oder einen Oberbegriff eingeordnet werden. „Frau",[152] „Mann",[153] „Dirne"[154] oder „Bierfahrer"[155] spezifiziert kein einzelnes Individuum, sondern nur einen Menschen von vielen, der nicht näher erwähnenswert ist. An anderer Stelle wurde bemerkt, dass Benn den Menschen keine besondere Aufmerksamkeit widmet. Tiere oder auch Pflanzen stehen anscheinend höher in seiner Gunst. Vielleicht ist die Entindividualisierung ein Versuch, den Leser dazu zu bringen, sich in dem Gedicht wiederzufinden, um ihm seinen drohenden Verfall klar zu machen. Beides ist möglich, doch halte ich es eher für wahrscheinlich, dass die zentrale Perspektive des Menschen als ein Ding in einer Menge von Vielen auf Benns Weltbild hindeutet. Es ist ein zentrales Motiv des Expressionismus, sich als anonymisiertes Wesen in der Welt der Großstädte zu fühlen. Es liegt daher nahe, dass Benn dies mittels der Anonymisierung der Menschen in seinen Gedichten darstellt.[156] Der Kampf mit der Wirklichkeit der überfüllten Großstädte, den er auch in seinem Arbeitsalltag als Arzt im Krankenhaus erlebte,[157] spiegelt sich besonders in dem Gedicht „Saal der kreißenden Frauen"[158] wider. Keine der Frauen wird mit Namen genannt, sie sind lediglich „Dirnen",[159] „Gefangene",[160] „Ausgestoßene",[161] die ihre Kinder gebären und wenig beachtet werden.

Die Entpersonifizierung wird zudem dadurch unterstützt, dass Personen oft nur durch einzelne Attribute ihres Körpers dargestellt werden. Offensichtlich wird dies besonders in „Mann und Frau gehen durch die Krebsbaracke".[162] Nicht einzelne Patienten werden dort beschreiben,

---

[152] Benn, Gottfried: Negerbraut. In: Ders.: Werke, Bd. 3, S.9.
[153] Benn, Gottfried: Der Arzt. In: Ders.: Werke, Bd. 3, S. 11.
[154] Benn, Gottfried: Kreislauf. In: Ders.: Werke, Bd. 3, S. 8.
[155] Benn, Gottfried: Kleine Aster. In: Ders.: Werke, Bd. 3, S. 7.
[156] Vgl. II 3.3.2
[157] Lenning, Walter: Gottfried Benn mit Selbstzeugnissen und Bilddokumenten. Dargestellt von Walter Lenning. Reinbeck 1991, S. 25.
[158] Benn, Gottfried: Saal der kreißenden Frauen. In: Ders.: Werke, Bd. 3, S. 16.
[159] Benn, Gottfried: Kreislauf. In: Ders.: Werke, Bd. 3, S. 8.
[160] Benn, Gottfried: Saal der kreißenden Frauen. In: Ders.: Werke, Bd. 3, S. 16.
[161] Ebd.
[162] Benn, Gottfried: Mann und Frau gehen durch die Krebsbaracke. In: Ders.: Werke, Bd. 3, S. 14.

sondern von „zerfallene[n] Schöße[n]"[163] und zerfallener „Brust"[164] wird gesprochen. Die Menschen sind keine Individuen, sondern nur noch Chiffren ihrer Krankheiten. An vielen weiteren Beispielen wird deutlich, dass der Mensch nicht mehr Einzelwesen, sondern nur noch eine Ansammlung von Körperteilen oder Krankheiten ist:

> [...] Jeder drei Näpfe voll: von Hirn bis Hoden [...][165]
> [...] Der Rest in Särge.[166]
> Mit Pickeln in der Haut und faulen Zähnen
> paart sich das in ein Bett und drängt zusammen.[167]

Jeder individualisierte Aspekt wird dem Menschen abgesprochen. Er wird zum Arbeitsmaterial des Arztes oder auch zum Objekt der voyeuristischen Lust. Der Mensch wird verdinglicht und seelenlos.

Tiere werden hingegen in Benns Lyrik mit wesentlich mehr Respekt behandelt, sofern sie nicht unter dem Aspekt der Vertierung des Menschen in der Lyrik erwähnt werden.

„Schöne Jugend"[168] beschreibt die Sektion einer Mädchenleiche. Die menschliche Leiche wird in Bildern einer kreatürlich-animalischen Todessituation wahrgenommen, während die Tiere in einträchtiger Idylle aufgewachsen sind. Angeknabbert und als Nahrung missbraucht erinnert der Leichnam an tierisches Aas, wohingegen die Tiere eine Vermenschlichung erfahren. Obschon bei keinem Menschen von seiner Jugend oder seiner Vorgeschichte die Rede ist, wird bei den kleinen Ratten erwähnt, wie schön ihre Jugend in ihrem menschlichen Nest war. Wenn es um die jungen Tiere geht, wird die Wortwahl wesentlich liebevoller. Statt von Dreck und Krankheiten, wie es bei Ratten normalerweise der Fall ist, wird von ihrer Jugend gesprochen. Sie ernährten sich von „Leber und Niere",[169] wie es auch viele Menschen tun. Deutlich wird schon an dieser Stelle, dass die Tiere in gewisser Weise vermenschlicht werden, während die Menschen oft in den Bereich des Tierischen gedrängt werden. Die

---

[163] Ebd.
[164] Ebd.
[165] Benn, Gottfried: Requiem. In: Ders.: Werke, Bd. 3, S.10.
[166] Ebd.
[167] Benn, Gottfried: Der Arzt III., In: Ders.: Werke, Bd. 3 S 13.
[168] Benn, Gottfried: Schöne Jugend. In: Ders.: Werke, Bd. 3, S. 8.
[169] Benn, Gottfried: Kleine Aster. In: Ders.: Werke, Bd. 3, S. 7.

Ratten werden individueller beschrieben als jeder Mensch. Ihr Tod, ist nicht von Leiden und Qual begleitet, sondern geschieht schön und schnell:

> [...] Und schön und schnell kam auch ihr Tod:
> Man warf die allesamt ins Wasser.
> Ach, wie die kleinen Schnauzen quietschten.[170]

Für sie scheint der Erzähler Mitleid oder zumindest Ironie übrig zu haben, während er für die Mädchenleiche nichts empfindet. Auffallend ist in diesem Zusammenhang die Brechung des Berichtsstils in den drei Schlusszeilen des Gedichtes zugunsten eines Stimmungstons, der fast zärtlich erscheint. Ist es Benns Menschenbild, das an dieser Stelle durchscheint. Verachtet er das Menschsein wirklich so sehr, dass er denkt, Tiere und Pflanzen haben es besser? Oder ist ihr Leben nur schöner, weil sie den fortschreitenden Verfall nicht bewusst miterleben? Diese Fragen sind an dieser Stelle ohne einen Blick auf die historischen, gesellschaftlichen und sozialen Hintergründe nicht zu beantworten, werden jedoch in folgenden Kapiteln behandelt.

Offensichtlich ist aber, dass im Gegensatz dazu die Menschen oft in die Nähe zum Tier gerückt werden. „Die Krone der Schöpfung, das Schwein, der Mensch"[171] spricht offen aus, was an anderer Stelle nur durchscheint. Der heutige Mensch wird als Verkehrung des religiösen Menschenbildes gesehen. Er steht auf der gleichen Stufe mit allen Tieren und nimmt keine Sonderstellung mehr in der Schöpfungsgeschichte ein.[172]

Im Kapitel 1.1.2 wurde in Bezug auf Sexualität und Geschlechtlichkeit schon erwähnt, dass sich die Menschen wie Tiere paaren und nur auf Triebbefriedigung ausgerichtet sind.

> [...] Und abends springt der Bock die Zibbe an,[173]

macht die Thematik nochmals deutlich.

---

[170] Benn, Gottfried: Schöne Jugend. In: Ders.: Werke, Bd. 3, S. 8.
[171] Benn, Gottfried: Der Arzt III. In: Ders.: Werke, Bd. 3, S. 12.
[172] Vgl. Eyckmann, Christoph: Die Funktion des Hässlichen in der Lyrik Georg Heyms, Georg Trakls und Gottfried Benns, S. 148.
[173] Benn, Gottfried: Der Arzt II. In: Ders.: Werke, Bd. 3, S. 13.

Benns Menschenbild ist keineswegs von Optimismus und Menschenliebe geprägt. Die Anonymität der übervölkerten Großstadt sowie das tägliche Erleben in einem Krankenhaus leiteten ihn dazu, den Verfall des Menschenmaterials als allgegenwärtig zu begreifen und seine Wirklichkeitsehrfahrung in seinen Gedichten umzusetzen. Besonders in „Saal der kreißenden Frauen"[174] tritt die Erfahrung seines Arbeitsalltags zu Tage.

1.1.5 Soziale Aspekte

Soziale Begriffe kommen in der Bennschen Lyrik sehr selten vor. Insgesamt kann man behaupten, dass der soziale Aspekt der Gedichte sich nur auf das Zusammensein in Tod, Krankheit oder auf das gemeinschaftliche Gebären in einem anonymen Krankenhaus bezieht. In den meisten Gedichten des Morgue-Flugblattes stehen nur zwei Menschen im Mittelpunkt, von denen einer tot ist. Von sozialer Beziehung kann nicht die Rede sein. Eine Vertrautheit zwischen den Akteuren ist in keinem der behandelten Gedichte auszumachen. Auch die Lebenden sind einander fremd oder kennen sich nur flüchtig, wie es in „Der Arzt"[175] beschrieben wird.

[...] und Herren kommen in meine Sprechstunde [...][176]

Lediglich ein Gedicht, „Mann und Frau gehen durch die Krebsbaracke",[177] impliziert den Gang eines Paares durch ein Hospiz, doch auch dort spricht nur der Mann, die Frau äußert sich nicht und bleibt weitgehend unerwähnt. Von einem innigeren sozialen Verhältnis kann nicht ausgegangen werden. Paare ergeben sich anscheinend erst im Tod, die Leichen liegen „nah und nackt",[178] „Männer und Weiber".[179] An anderer Stelle vollzieht ein „Nigger"[180] einen symbolischen Koitus mit seinem Zeh in dem „Ohr"[181] einer weißen Frau.[182] Auch solche Beziehungen werden durch die Sektion beendet.

---

[174] Benn, Gottfried: Saal der kreißenden Frauen. In: Ders.: Werke, Bd. 3, S. 16.
[175] Benn, Gottfried: Der Arzt I, In: Ders.: Werke, Bd. 3, S. 11.
[176] Ebd.
[177] Benn, Gottfried Mann und Frau gehen durch die Krebsbaracke. In: Ders.: Werke, Bd. 3, S. 14.
[178] Benn, Gottfried Requiem. In: Ders.: Werke, Bd. 3, S. 10.
[179] Ebd.
[180] Benn, Gottfried Negerbraut. In: Ders.: Werke, Bd. 3, S. 9.
[181] Ebd.
[182] Sahlberg, Oskar: Gottfried Benns Phantasiewelt, S. 29.

Rühmkopf deutet das Gedicht „Mann und Frau gehen durch die Krebsbaracke"[183] als ein Liebesgedicht und impliziert damit eine positive soziale Beziehung zwischen Mann und Frau. In der Zeile „Komm, hebe ruhig diese Decke auf. [...]"[184] sieht er einen Anklang an den Topos des Liebeslockens und der Minnebalz, der mit Hilfe der im Expressionismus üblichen Kontrafaktur durchgesetzt wird. Trotz der folgenden verschreckenden Details von nahem Tod und Verfall sieht er besonders in der Ausgangsstrophe ein „schwärendes Idyll".[185] In der letzten Zeile erkennt er den scheinbaren Monolog als Zwiegespräch „der Apostrophe des Geschlechtlichen und der fordernd – einfordernden Antwort eines Elements".[186] Die Deutung Rühmkopfs scheint kreativ, doch fehlt ihr die Grundlage. Nur von einer einzigen Textzeile auf Topoi der Minnebalz zu schließen, ist verfehlt. Das Gedicht stellt sicherlich den Gang eines Paares durch die Todesbaracke dar, doch die Assoziation zu Liebeslocken ist zu weit hergeholt.

„Nachtcafé"[187] thematisiert soziale Beziehungen als triebgesteuerte Suche nach Sexualpartnern. Liebe ist auch hier nicht im Spiel. Die Menschen sind nur auf der Suche nach Gleichgesinnten, um den Trieb zu befriedigen.

Soziale Beziehungen spielen in den Gedichten trotzdem eine untergeordnete Rolle. Sie sind im Leben wie im Tod unmöglichen und werden durch den Verfall unterbunden. Aufgrund des Fehlens positiver sozialer Elemente kann man wiederum auf das Erleben des Individuums in der Welt einer anonymen Großstadt schließen. Ein Blick auf Benns Biographie beweist zudem, dass er eher ein introvertierter Mensch war, mit wenigen sozialen Kontakten.[188] Auch wenn es eine Vermutung ist, so liegt die Annahme nahe, dass sich sein persönliches soziales Erleben besonders in den Anfängen seiner Dichtung widerspiegelt.

---

[183] Benn, Gottfried: Mann und Frau gehen durch die Krebsbaracke. In: Ders.: Werke, Bd. 3, S. 14.
[184] Ebd. Mann und Frau gehen durch die Krebsbaracke, S. 14.
[185] Rühmlopf, Peter: Ein modernes Liebesgedicht. In: 1000 deutsche Gedichte und ihre Interpretationen. Von Georg Trakl bis Gottfried Benn. Hrsg. von Marcel Reich-Ranicki. Frankfurt a. M. u.a.1994, S. 211.
[186] Rühmlopf, Peter: Ein modernes Liebesgedicht, S. 215.
[187] Benn, Gottfried: Nachtcafé. In: Ders.: Werke, Bd. 3, S. 18.
[188] Lenning, Walter: Gottfried Benn, S. 59.

1.1.6 Religiöse Elemente

Die Kategorie der religiösen Elemente bilden eine relativ große Gruppe. In Ausdrücken wie „Erde soll zu Erde werden"[189] oder auch „Gottes Tempel"[190] und „Rosenkranz"[191] spiegelt sich eine christliche Perspektive deutlich wider. Betrachtet man das bis jetzt herausgestellte Menschenbild, so fragt man sich, wie es mit einer religiösen Ebene zu vereinbaren ist. Der Mensch wird stets als rein fleischliches Wesen gesehen und dabei sogar auf die Stufe des Tierischen gestellt:

> Die Krone der Schöpfung, das Schwein, der Mensch -
> geht doch mit anderen Tieren um![192]

> [...] Gott als Käseglocke auf die Scham gestülpt -:
> der gute Hirte - !! - - Allgemeingefühl! –
> Und abends springt der Bock die Zibbe an.[193]

Über diese Stufe kann sich der anonyme Mensch nicht hinwegheben. Der vertierte Mensch wird nicht, wie üblich, von einem höheren Prinzip, dem einen und einzigen Gott, abgeleitet, seine Seele wird nicht nach seinem Tod gerettet, sondern findet sich, wie alles andere, in den Sektionsnäpfen wieder.

> Jeder drei Näpfe voll: von Hirn bis Hoden.
> Und Gottes Tempel und des Teufels Stall
> nun Brust an Brust auf eines Kübels Boden
> begrinsen Golgatha und Sündenfall.[194]

Benns bitterer Spott gegen die Glaubensrichtung, die den Menschen aus einem göttlichen Ursprung erklärt, spiegelt sich an dieser Stelle wider.[195]

---

[189] Benn, Gottfried: Kreislauf. In: Ders.: Werke, Bd. 3, S. 8.
[190] Benn, Gottfried Requiem. In: Ders.: Werke, Bd. 3, S. 10.
[191] Benn, Gottfried Mann und Frau gehen durch die Krebsbaracke, S. 14f.
[192] Benn, Gottfried Der Arzt II. In: Ders.: Werke, Bd. 3, S. 12.
[193] Benn, Gottfried Der Arzt III. In: Ders.: Werke, Bd. 3, S. 13.
[194] Benn, Gottfried Requiem. In: Ders.: Werke, Bd. 3, S. 10.

Requiem, eigentlich eine liturgische Würdigung der Verstorbenen, zerstört thematisch die religiös-christliche Weltsicht. Christliche Vorstellungswelt (Golgatha) und menschliche Nichtigkeit treffen aufeinander. Titel und Inhalt des Gedichtes treten in Opposition zueinander. Die Sektion der Leichen und ihr Abfüllen in Näpfe stellt eine thematische Kontrafaktur zur religiösen Würdigung des Todes dar. Die religiöse Sinnwelt wird in Frage gestellt durch die reale Wirklichkeitserfahrung der Sektion und des menschlichen Verfalls ohne transzendentale Rettung.

Der Schlusssatz des Gedichtes „Kreislauf"[196] stellt mit der unsentimental-derben Profanierung des Bibelzitates „[...] nur Erde soll zu Erde werden"[197] den religiösen Bereich vollends in Frage. Das Fleischliche und seine Verwesung werden als Argument gegen die Existenz Gottes gebraucht. In dem Gedicht „Fleisch",[198] auf das hier nicht näher eingegangen wird, ist dies besonders deutlich.

> [...] Ich brülle: Geist enthülle dich !
> Das Hirn verwest genauso wie der Arsch ![199]
> [...] Ein Fleck, der gegen die Verwesung spräche!! –
> Das Fleckchen wo sich Gott erging...!![200]

Der Mensch ist nicht das Wesen, das von einer höheren Macht abstammt. Seine Seele, sofern er eine hat, wird nicht gerettet.

> [...] Ihr sprecht von Seele – Was ist eure Seele?
> Verkackt die Greisin jede Nacht ihr Bett [...][201]

Die Religion, die manchem Menschen hilft, mit seinem Tod und der Krankheit fertig zu werden, wird stets verspottet. An einem Ort, an dem der Tod stets anwesend ist, dem Hospiz, ist ein Rosenkranz aus Krebstumoren zu begutachten.[202]

---

[195] Eyckmann, Christoph: Die Funktion des Hässlichen in der Lyrik Georg Heyms, Georg Trakls und Gottfried Benns, S. 149.
[196] Benn, Gottfried: Kreislauf. In. Ders.: Werke, Bd. 3, S. 8.
[197] Benn, Gottfried: Kreislauf. In: Ders.: Werke, Bd. 3, S. 8.
[198] Benn, Gottfried: Fleisch. In: Ders.: Werke, Bd. 3, S. 37.
[199] Benn, Gottfried: Fleisch. In: Ders.: Werke, Bd. 3, S. 33 f.
[200] Benn, Gottfried: Fleisch. In: Ders.: Werke, Bd. 3, S. 37.
[201] Benn, Gottfried: Der Arzt II. In: Ders.: Werke, Bd. 3, S. 12.
[202] Benn, Gottfried: Mann und Frau gehen durch die Krebsbaracke. In: Ders.: Werke, Bd. 3, S. 14.

Immer wieder ruft die Erde den Menschen zu sich, der vergraben wird. Von seiner Himmelfahrt ist nicht die Rede.[203] Statt Seelenrettung wird der Mensch verscharrt und vergessen. Desgleichen wird von den letzten Ruhestätten nicht respektvoll gesprochen.[204] Anstelle eines würdevollen Begräbnisses findet sich der Mensch im „Acker"[205] wieder, liegt im „Schilf"[206] oder auf „Kissen dunklen Bluts gebettet".[207] Erneut wird der Mensch entwürdigend behandelt.

Christlich-religiöses Menschenbild und sachliche Medizineroptik stehen einander gegenüber.

Die spöttische Perspektive in Bezug auf die Religion und Gott wird in der Sekundärliteratur nicht geleugnet,[208] doch wird auch eine „verborgene Verzweiflung des betrogenen Gottsuchers"[209] erwähnt. Die Hervorhebung der reinen Leiblichkeit des Menschen wird als Verzweiflung des Individuums gesehen, das sich durch die Abwesenheit Gottes als Betrogener sieht.[210] Hinter der Darstellung des körperlichen Verfalls und der Reduktion auf die pure Körperlichkeit steht die Desillusionierung des Gläubigen, der in Hoffnungslosigkeit verfällt und nur noch den Spott als seine letzte Waffe ansieht. Die Symbolik des Ekels funktioniert als Hinweis auf die Sphäre des menschlichen Verfalls. Damit kontrastiert sie das religiös-christliche Weltbild in ihrer extremsten Weise. Vermutlich rebelliert der Rationalist Benn mit diesem Gegensatz auch gegen das traditionell christliche Weltbild, das ihm in Kindheit und Jugend eindringlich vermittelt wurde.[211]

1.1.7 Schönes

Trotz der Vielfalt an Hässlichem und Ekelhaftem gibt es aber auch Schönes in Benns Gedichten. Schon an der Wortliste wird deutlich, dass es sich hier eher um Spuren des Schönen handelt.[212] Bei genauerem Hinsehen wird deutlich, dass zwar die Gegenposition des

---

[203] Vgl. ebd. Der Arzt III. In: Ders.: Werke, Bd. 3, S. 13.
[204] Vgl. Anhang, 12.
[205] Benn, Gottfried:. Mann und Frau gehen durch die Krebsbaracke. In. Ders.: Werke, Bd. 3, S. 14.
[206] Benn, Gottfried: Schöne Jugend. In: Ders.: Werke, Bd. 3, S. 8.
[207] Benn, Gottfried: Negerbraut. In: Ders.: Werke, Bd. 3, S. 9.
[208] Vgl. Eyckmann, Christoph: Die Funktion des Hässlichen in der Lyrik Georg Heyms, Georg Trakls und Gottfried Benns, S. 149.
[209] Vahland, Joachim: Gottfried Benn. Der unversöhnte Widerspruch, S. 18
[210] Vgl. Eyckmann, Christoph: Die Funktion des Hässlichen in der Lyrik Georg Heyms, Georg Trakls und Gottfried Benns, S. 148 f.
[211] Vgl. Balser, Hans-Dieter: Das Problem des Nihilismus im Werke Gottfried Benns, S. 24.
[212] Vgl. Anhang, 9.

Ekelhaften nicht ganz fehlt, aber schwach ausgebildet ist. Eine sinnliche Schönheit ist allein im Gedicht „Negerbraut"[213] zu finden:

[...] der blonde Nacken einer weißen Frau.
Die Sonne wütete in ihrem Haar
und leckte ihr die hellen Schenkel lang
und kniete um die bräunlicheren Brüste,
noch unentstellt von Laster und Geburt [214],

um allerdings sofort mittels der Schmutzigkeit des durch Unfall entstellten Körpers eines Schwarzen kontrastiert zu werden.

[...] Ein Nigger neben ihr: durch Pferdehufschlag
Augen und Stirn zerfetzt.[215]

Wenn dem menschlichen Körper eine gewisse sinnliche Schönheit zugesprochen wird, bleibt das Hässliche stets im Blickfeld.

Sofern außerkörperliche Attribute des Schönen auftauchen, dienen sie nur als Kontrastmittel, dass die ekelerregende Hässlichkeit des dargestellten Fleischlichen noch stärker unterstreicht. Dies ist auch die Funktion der kleinen Aster im gleichnamigen Gedicht.[216] Ähnlich wirkt auch das Verb „salben".[217] Impliziert es in anderen Zusammenhängen positive Assoziationen der Körperpflege und des Wohlgeruchs, dient es hier zur Beschreibung der Geburt eines Kindes und weicht dadurch wieder in den Bereich des Ekligen zurück

[...] Urin und Stuhlgang salben es ein. [218]

An diesen Beispielen wird klar, das es keine eigenständige Sphäre des Schönen in den frühen Gedichten Benns gibt. Es dient lediglich als Kontrastmittel, um das Ekelhafte und Hässliche noch schockierender erscheinen zu lassen.

---

[213] Benn, Gottfried: Negerbraut. In: Ders.: Werke, Bd. 3, S. 9.
[214] Ebd.
[215] Ebd.
[216] Benn, Gottfried: Kleine Aster. In: Ders.: Werke, Bd. 3, S. 7.
[217] Benn, Gottfried: Saal der kreißenden Frauen. In: Ders.: Werke, Bd. 3, S.16.
[218] Ebd.

1.1.8 Medizinisches

Die Wortwahl und Motivik aus dem Bereich der Medizin ergibt sich offensichtlich aus der Thematik der behandelten Gedichte. Wie schon eingangs erwähnt, wird hier nicht die medizinische Nomenklatur genutzt. Fachtermini werden von einfachen, verständlichen Allgemeinbegriffen ersetzt. Dies bedeutet, gewollt oder ungewollt, an machen Stellen eine Radikalisierung der Darstellung. Statt in Nierenschalen werden die menschlichen Überreste in Kübeln und Näpfen aufbewahrt. Solche Beschreibungen führen dazu, nicht an klinische Sauberkeit, sondern an Schlachthofatmosphäre zu denken. Diese Assoziation wird hervorgerufen, wenn der Arzt dem toten Bierfahrer mit „[...] einem langen Messer Zunge und Gaumen herausschnitt"[219] oder dem Mädchen die Brust aufgebrochen wird[220]. Der Leser denkt nicht an eine medizinische Sektion, die unter klinischen Bedingungen durchgeführt wird, sondern assoziiert die Schlachtung von Vieh. Zum einen wird dadurch der Ekeleffekt der frühen Gedichte verstärkt, zum anderen die Perspektive der Vertierung des Menschen unterstützt.

Erst in den späteren Gedichten, „Saal der kreisenden Frauen",[221] „Mann und Frau gehen durch die Krebsbaracke",[222] „Der Arzt"[223] und „Curettage",[224] ist die Sphäre des Medizinischen offensichtlich und die Schlachthofassoziation verschwindet. Auch hier erfährt der Mensch keine respektvolle Behandlung des Mediziners. Der Arzt behandelt die Patienten, doch dies geschieht ohne jede Empathie.

[...] Herren kommen in mein Zimmer[225]

Pressen Sie, Frau! Verstehn Sie, ja?
Sie sind nicht zum Vergnügen da.
Ziehen Sie die Sache nicht in die Länge [...][226]

---

[219] Benn, Gottfried: Kleine Aster. In: Ders.: Werke, Bd. 3, S. 7.
[220] Benn, Gottfried: Schöne Jugend. In: Ders.: Werke, Bd. 3, S. 8.
[221] Benn, Gottfried: Saal der kreißenden Frauen. In: Ders.: Werke, Bd. 3, S. 16.
[222] Benn, Gottfried: Mann und Frau gehen durch die Krebsbaracke. In: Ders.: Werke, Bd. 3, S. 14.
[223] Benn, Gottfried: Der Arzt. In: Ders.: Werke, Bd. 3, S. 11.
[224] Benn, Gottfried: Curettage. In: Ders.: Werke, Bd. 3, S. 17.
[225] Benn, Gottfried: Der Arzt. In: Ders.: Werke, Bd. 3, S. 11.
[226] Ebd. Saal der kreißenden Frauen. In: Ders.: Werke, Bd. 3, S.16.

Der Mediziner erfüllt seine Pflicht, doch interessiert ihn dabei anscheinend nur die Arbeitsausführung und nicht der Mensch.

Unbestreitbar ist, dass sich besonders in dieser Thematik Benns eigene Erfahrungen als Mediziner widerspiegeln. Ärzte, die in den Patienten nur ihr Arbeitsmaterial zur Pflichterfüllung sehen, waren ihm während seiner Ausbildung im Berliner Großstadtkrankenhaus sicherlich nicht fremd. Er bevorzugte später das Arbeiten in seiner eigenen Praxis als Arzt für Haut- und Geschlechtskrankheiten.[227] Im Hinblick auf sein späteres Wirken wird deutlich, dass sich Benn nicht selbst in den Ärzten seiner Gedichte widerspiegelt. Über ihn wurde berichtet, dass er auch Schwerstkranke selbstlos behandelte und während seiner Zeit als Arzt in einem Prostituiertenkrankenhaus den vielen Prostituierten, die unter seinen Patienten waren, oft keine Rechnung schrieb.[228] Respektlosigkeit oder menschenverachtende Behandlung finden keine Erwähnung. Aufgrund der Beschreibungen in seinen Gedichten ist aber durchaus auf sein Menschen- und Gesellschaftsbild zu schließen. Wieder wird der Gedanke eines anonymisierten Menschen in einer respektlosen, von Verfall geprägten modernen Gesellschaft apparent.[229]

1.1.9 Sonstige Aspekte

Nach der Darstellung der Hauptsymbolik ist klar, wie und mit welchen Mitteln Benn sein Weltbild vermittelt und den Ekel an und bei den Menschen hervorruft. Zur Unterstützung dieses Effektes greift er aber auch noch auf andere sprachliche Mittel zurück.

Betrachtet man Kategorie 8, so fällt auf, dass die Meisten schon an sich keine positiven Assoziationen hervorrufen. „Kleben"[230], „schmieren"[231], „tropfen"[232] passen in die negative Atmosphäre von Verfall, Krankheit und Leichen und unterstützen zudem noch Gedanken an Verwesung und Schmutz.

---

[227] Lenning, Walter: Gottfried Benn, S. 60.
[228] Ders. S. 47.
[229] Vgl. II. 3.3.
[230] Benn, Gottfried: Der Arzt I. In: Ders.: Werke,Bd. 3, S. 11.
[231] Benn, Gottfried: Der Arzt II. . In: Ders.: Werke,Bd. 3, S. 12.
[232] Benn, Gottfried: Der Arzt III. . In: Ders.: Werke,Bd. 3, S. 13.

Auch die Farbsymbolik fällt in diesen Bereich. In den späten Gedichten Benns tritt sie stärker zu Tage und hat weitaus größere Bedeutung. Die hier behandelten Gedichte weisen dagegen sehr wenig Farbworte auf. Vorhandene dienen zur Beschreibung und Visualisierung der Leichen

[...] der blonde Nacken einer weißen Frau [...][233]

[...] und kniete um die bräunlicheren Brüste, [...][234]

In den vorangegangenen Kapiteln wurde die Motivik und Thematik anhand der Wortwahl und des inhaltlichen Zusammenhangs offensichtlich. Im Anschluss daran tritt die Frage auf, ob man schon aufgrund dieser Beispiele und mit Blick auf die frühen Gedichte von einem Symbolismus Benns sprechen kann. Die aufgeführten Motive kann man sowohl oberflächlich, als auch auf einer zweiten Ebene symbolisch im Hinblick auf Benns Welt- und Menschenbild deuten. Dabei tritt eine pessimistische Grundstimmung zu Tage, die von der Gefühlslage des Ichs in der modernen und überfüllten Großstadt geprägt ist.

Dem Symbolismus in seiner traditionellen Verstehensweise folgt Benn erst in den späteren Jahren, wenn er statt offensichtlich hässlicher Motive auf Chiffren, Bilder und Schlüsselwörter zurückgreift.[235] Hinter den Chiffren Benns steht in den absoluten Gedichten jeweils ein großer oder kleiner Spielraum von chiffrierten Bedeutungen, die die Struktur der Gedichte bestimmen.

2. Einfluss der Historie

Im ersten Teil dieser Arbeit wurde die Entwicklung des Ekeltopos in verschiedenen Epochen geschildert. Dabei wurde deutlich, dass im Laufe der Jahrzehnte eine Hinwendung zum Ekel erfolgte. Das Schöne hatte nicht mehr seine vorherrschende Rolle in der Kunst inne, denn auch das Hässliche fand seinen Platz. Ausgehend von den Erkenntnissen des ersten Teils dieser Arbeit soll nun dargestellt werden, im welchen Verhältnis Gottfried Benn zu den

---

[233] Benn, Gottfried: Negerbraut. In.: Ders.: Werke, Bd. 3, S.9.
[234] Ebd.
[235] Eyckmann, Christoph: Die Funktion des Hässlichen in der Lyrik Georg Heyms, Georg Trakls und Gottfried Benns, S. 153 f f.

einzelnen herausgegriffenen theoretischen Aspekten, Epochen und Strömungen steht. Dabei wird deutlich, welche Faktoren und Autoren ihn beeinflussten und gegen welche Traditionen er sich mit seiner frühen Lyrik zu Wehr setzte. Die Umsetzung einzelner theoretischer Grundsätze oder auch deren Umkehrung führten zu Benns eigentümlicher Auseinandersetzung mit den Ekelmotiven.

2.1. Der Gegensatz zur ästhetischen Theorie

Durch einen kurzen Blick auf die behandelten Gedichte wird deutlich, dass Benns frühe Dichtungen sehr wenig mit der im ersten Teil dargestellten ästhetischen Theorie des 18. Jahrhunderts zu tun haben. Dort wurde gezeigt, dass zu Anfang der Ekeldebatte das Schöne Hauptziel der Kunst war und das Ekelhafte die Gegenposition einnahm. Im Laufe der Auseinandersetzung mit dem Feld des Grausamen und Ekelhaften wurde zunächst eine Vermischung des Ekelhaften mit dem Schönen erlaubt, um die zu frühe Sättigung zu vermeiden.

In den frühen Gedichten Benns ist hingegen nahezu nichts Schönes zu finden. Von einer Supplementierung des Schönen durch das Hässliche ist nicht zu reden. Vielmehr kann man eine gegenteilige Beziehung feststellen. Das Schöne dient vorwiegend dazu, das Eklige zu kontrastieren, wie schon in Kapitel 1.1.7. festgestellt wurde. Sollte das Ekelhafte in der ästhetischen Theorie dazu genutzt werden, um den Sättigungsekel zu vermeiden, so kann man dies bei Benn vom Schönen behaupten. Die vereinzelten Topoi des Schönen dienen nicht nur zur Verschlimmerung ekelhafter Details, sondern bringen den Leser auch dazu, Hoffnung auf mehr Schönes zu schöpfen und nicht die Rezeption des Gedichts aus lauter Überdruss abzubrechen. In abgewandelter Form befolgt demnach auch Benn die Regel des fruchtbaren Augenblicks, wenn er z.B. in Negerbraut auch Elemente des Schönen einfließen lässt, um den maximalen Sättigungswert zu verhindern. Nur den Grundsatz, der „Einbildungskraft freies Spiel"[236] zu lassen, beachtet Benn in keinem seiner frühen Gedichte. Wegen der detailreichen, kühlen Sprache bleibt dem Leser kein Platz, um seine Phantasie spielen zu lassen. Er befindet sich fast neben dem Sektionstisch und muss jedes grausame Detail miterleben.

---

[236] Lessing, Gotthold Ephraim: Laokoon, S. 26.

Die Vermischung von Grauen und Schönem zur Erzeugung von Schrecken und daraus resultierendem Mitleid vereitelt Benn durch die Gefühlskälte seiner Beschreibung. Der gefühlslose, höchstens verachtenden Stil seiner Gedichte lässt kein Mitleid zu, obgleich das in der Sekundärliteratur oft auch gegenteilig bewertet wird. Von Mitleidsorgien wird an mancher Stelle gesprochen[237] oder es wird eine Leerstelle, die Mitleid impliziert, in die Zugeschlossenheit der Dichtung hineininterpretiert.[238]

Die Ästhetiker des 18. Jahrhunderts hätten Benns frühe Gedichte nicht mehr als Kunst bezeichnet. Sie entsprechen nicht der Distanzforderung des 18. Jahrhunderts. Distanziertheit im sprachlichen Ausdruck ist vorhanden, jedoch kein Abstand in der Beschreibung. Der Ekel in Benns Dichtung ist nicht mehr nur Erinnerung, Assoziation und Metapher, er ist durch Thema und Motivik sichtbar vorhanden. Nicht mehr nur die Vorstellung herrscht vor, mittels der Wortwahl werden die „allerdunkelsten Sinne"[239] direkt angesprochen. Wo Krebstumore gefühlt werden sollen[240] von „faulen Zähnen"[241] und auch ungeniert von Körperflüssigkeiten gesprochen wird, da riecht man Kot, Gestank und Verwesung schon bei der Lektüre. Es geht bei Benn nicht darum, eine schöne Empfindung beim Rezipienten hervorzurufen, sondern ihm die ungeschminkte Wahrheit vor Augen zu führen, die sich aus dem Weltbild Benns ergibt. Beschreibung und Ekel sind bei Benn keine Quellen des Erhabenen oder der Lust, sondern der Einsicht in die Realität des Lebens, in den sinnlosen Kreislauf von Leben und Tod, der durch Verfall der eigenen Körperlichkeit und den der Gesellschaft geprägt ist. Es geht nicht darum, den Ekel als Verstärker für das Grausame und Lächerliche zu nutzen, sondern um den bloßen Ekel an der Wirklichkeit. Das Tabu des bloßen Ekels wird von Benn in brutaler Weise durchgehend gebrochen. Dadurch erfährt der Ekel sicherlich eine Funktionalisierung, doch in anderer Weise, als sich die Ästhetiker des 18. Jahrhunderts hätten vorstellen können.

Anstelle einer Lust am Schönen liegt bei Benn eine Leidenschaft für das Hässliche und Ekelerregende vor. Eine Lust am Hässlichen, die frühe Leser hinter den Gedichten entdeckten, verrät eine Auflehnung, die weiter ging als jede Literaturrevolution. Die Zerstörungswut der ersten Sammlung äußert sich nicht nur in der Sektion von Leichen, sondern auch in der Provokation gegen die herkömmliche idealistische Vorstellung von Natur

---

[237] Ridley, Hugh: Gottfried Benn. Ein Schriftsteller zwischen Erneuerung und Reaktion, S. 36.
[238] Ebd., S. 36.
[239] Mendelssohn, Moses: 82. Literaturbrief, S. 131.
[240] Vgl. Benn, Gottfried: Mann und Frau gehen durch die Krebsbaracke. In: Ders.: Werke, Bd. 3, S. 14.
[241] Ebd. Der Arzt II, S. 12.

und Schönheit in der Kunst.[242] Benn wendet sich nicht nur gegen den Idealismus seiner Epoche, sondern auch gegen alle vorangegangenen Epochen, die Schönheit und Naturnachahmung als höchstes Ziel der Kunst ansahen.

Benn ist nicht auf das Schöne angewiesen. Form, Ausdruck und Stil sind im Sinne Benns wohl ästhetische Kategorien, aber nicht Kategorien des Idealschönen. Der Stil stellt die Wirklichkeit her, aber er muss nicht schön sein. Das Werk muss vollendet sein, nicht aber makellos.[243] Zwischen Schönheit und Wahrheit besteht für Benn deshalb kein Konflikt. Allein die Wahrheit wird durch den vollendeten Stil dargestellt. Sie hat aber nicht mehr das Endziel die idealschöne Natur zu imitieren, sondern lediglich wirklich zu sein. Klischees der Schönheit werden eliminiert und die Dinge von allem historischen Ballast befreit.

Die eigentliche Ästhetik Gottfried Benns zeigt sich erst in seinen späteren Werken und wird daher hier nur kurz dargestellt. Eine ausführliche Analyse bietet das Werk Looses.[244]

In der Ästhetik Benns zeigen sich die Einflüsse Nietzsches. Auf den Grundideen der ewigen „Rechtfertigung des Daseins und der Welt als ästhetisches Phänomen"[245] der „Kunst als [...] höchste Aufgabe und die eigentlich metaphysische Tätigkeit des Lebens",[246] dem „monologisch monomane[n] Charakter des Kunstwerks", der „Kunst als de[m] Olymp des Scheins"[247] und der „Leidenschaft in Fragen der Form"[248] baut Benn seine „Ausdruckswelt"[249] auf.

2.2. Benn als Gegner der klassischen Anti-Ekelideale

Bezüge zur Antike, besonders zu griechischen Götterwelt sind schon in den frühesten Gedichten Benns zu finden. Schon das Gedicht „Gefilde der Unseligen"[250] ist eine „parodistische Anwendung der antiken Vorstellung von den Inseln der Seligen, dem

---

[242] Ridley, Hugh: Gottfried Benn. Ein Schriftsteller zwischen Erneuerung und Reaktion, S. 33.
[243] Vgl. Buddenberg, Else: Probleme um Benn. Stuttgart 1962, S. 28.
[244] Loose, Gerhard: Die Ästhetik Gottfried Benns. Frankfurt a.M. 1961.
[245] Loose, Gerhard: Die Ästhetik Gottfried Benns, S. 33.
[246] Ebd.
[247] Loose, Gerhard: Die Ästhetik Gottfried Benns. Frankfurt a.M. 1961, S. 33.
[248] Ebd.
[249] Ebd.
[250] Benn, Gottfried: Gefilde der Unseligen. In: Ders.: Werke, Bd. 3, S. 350.

Elysium".[251] Im Morgue-Zyklus finden sich solche offensichtlichen Bezüge auf den ersten Blick nicht. Ab dem Text „Ithaka"[252] ziehen sie sich ausnahmslos durch das ganze Werk. Dabei handelt es sich, wie Homeyer feststellte nicht um Bildungszitate, Ornamente oder Interpretationen antiken Vorstellungsgutes.[253] Die Bezüge stehen außerhalb der traditionellen Übernahme und entsprechen nicht den literarischen Konventionen. Antike Motive stammen vor allem aus bestimmten Vorstellungskreisen. Orphisches, die Unterwelt und griechische Bezeichnungen für alles, was dem Bereich des Todes angehört, sind in den späteren Gedichten in gehäuftem Maße zu finden. Homeyer stellte Textstellen fest aus Ovids Metamorphosen, Motive aus dem 5. und 24. Gesang der Ilias, aus Aischylos, Sophokles und Platos Werken.[254] Oft wird die Antike aber nur in einer solchen Weise in das Werk eingebracht, dass griechische Namen und Worte Assoziationen des Lesers hervorrufen. Den Höchstwert des Idealen und Schönen haben die Antike, besonders das Griechentum, für Benn nicht mehr.

In den Morgue-Gedichten sind die Bezüge zur griechischen Vorstellungswelt oder auch die Wendung gegen die Tradition nicht auffällig. Bedeutend ist in diesen Dichtungen die Dominanz des dem Verfall preisgegebenen Körpers, der in ekelhafter Weise dargestellt wird. Es liegt die Vermutung nahe, dass Benn sich mit dieser Darstellung gegen den klassisch-antiken Idealkörper wendet. Dieser Idealkörper ist nur Äußeres. Er gleicht einer Schale, die sich gegen jeden Blick in ihr Inneres verschließt. Doch auch dieser hat taediogene Zonen, die der Gefahr des Ekels ausgesetzt sind, da sie entweder Falten bilden und die glatte Oberfläche unterbrechen oder durch Öffnungen den Blick ins innere freigeben.

2.2.1 Schöne – hässliche Körper - tote Statuen

Benns Figuren entsprechen nicht der Vorstellung dieses Idealkörpers, wie sie schon Winkelmann formulierte.[255]

---

[251] Wodtke, Friedrich Wilhelm: Die Antike im Werk Gottfried Benns. Wiesbaden 1963, S. 14f.
[252] Benn, Gottfried: Ithaka. In: Ders.: Werke, Bd. 2, S. 293.
[253] Homeyer, Helene: Gottfried Benn und die Antike. In: Zeitschrift für Deutsche Philologie (79) 1960, S. 114.
[254] Homeyer, Helene: Gottfried Benn und die Antike, S. 121.
[255] Vgl. I.2.

Winckelmanns Vorstellung des idealen Leibes korrespondiert nicht mit dem Bild, das die Figuren in Benns frühen Dichtungen bilden. Meist wird es alleine dadurch zerbrochen, dass es sich um Leichen bei der Sektion oder um Kranke handelt.

Benn folgt nicht der Regel, die nur das unversehrte Äußere als darstellenswert erklärt. Er verkehrt sie ins Gegenteil. Keiner der beschriebenen menschlichen Körper ist intakt. Keine der Figuren weist eine unversehrte Körperoberfläche auf. Mancher hat „[...] durch Pferdehufschlag Augen und Stirn zerfetzt"[256]. Bei anderen sind die „[...] Schädel auf. Die Brust entzwei".[257]

Die Toten geben den Blick in ihr Inneres frei , wenn „[...] in Breite Brüche [...] die Därme[258] entschlüpfen.

Der Arzt hilft bei der Zerstörung der äußeren Hülle, er unterstützt die Hässlichkeit.[259]

Auch die in der Klassik verbotene Beschreibung der Krankheit und Deformation des schönen Leibes schreckt Benn nicht ab. Er lässt kein Detail aus, um den Verfall des Leibes darzustellen:

> Mit Pickeln in der Haut und faulen Zähnen [...][260]
> [...] mit Beuteln auf dem Rücken, Rachenspalten,
> schieläugig, hodenlos [...][261]
>
> [...] Klumpen Fett und faule Säfte
> [...] diese Narbe auf der Brust.[262]

Ausscheidungen und Körperflüssigkeiten lehnt Benn in seiner verfallsorientierten Sichtweise nicht ab.

> [...] Verkackt die Greisin Nacht für Nacht ihr Bett [...][263]
> [...] Urin und Stuhlgang salben es ein.[264]

---

[256] Benn, Gottfried: Negerbraut. In: Ders.: Werke, Bd. 3, S. 9.
[257] Benn, Gottfried: Requiem. In: Ders.: Werke, Bd. 3, S. 10.
[258] Benn, Gottfried: Der Arzt III. In: Ders.: Werke, Bd. 3, S. 13.
[259] Benn, Gottfried: Kleine Aster. In: Ders.: Werke, Bd. 3, S. 7.
[260] Benn, Gottfried: Der Arzt III. In: Ders.: Werke, Bd. 3, S. 13.
[261] Benn, Gottfried: Der Arzt I. In: Ders.: Werke, Bd. 3, S. 12.
[262] Benn, Gottfried: Mann und Frau gehen durch die Krebsbaracke. In: Ders.: Werke, Bd. 3, S. 14.
[263] Benn, Gottfried: Der Arzt II. In: Ders.: Werke, Bd. 3, S. 12.
[264] Benn, Gottfried: Saal der kreißenden Frauen. In: Ders.: Werke, Bd. 3, S.16.

Der Autor Gottfried Benn wendet sich gegen jedes Anti-Ekelideal, das die damaligen Theoretiker, allen voran Winkelmann und Herder, aufgestellt haben. Seine Körper sind nicht nur Schale ohne Inneres. Der Blick ins Innere wird Zwang für den Leser. Die Leichen werden aufgeschnitten oder auch mit krankhaften Löchern versehen, damit jeder sehen kann, dass sie ein Innenleben haben. Die Anatomie, die der Ästhetik gegensätzlich ist, ist für Benn Mittel, den Ekel des Lesers hervorzurufen.

Zusätzlich zu dem durch die Sektion erzwungenen Blick ins Innere, treten auch die Zonen in Benns Blickfeld, die natürlich die Sicht ins Körperinnere freigeben. Mund, Nase und Genitalien unterlagen bei der Gestaltung des idealschönen Körpers bestimmten Regeln zur Ekelvermeidung.

Nur der leicht geöffnete, schmachtende Mund war schön, nicht aber der zum Schrei aufgerissene.

Sicherlich sind auch in Benns frühen Gedichten nicht nur aufschreiende Menschen zu finden, doch mäßige Lippenöffnungen sind auch nicht zu beobachten.

> Der Mund eines Mädchens, das lange im Schilf
>
> > gelegen hatte,
>
> sah so angeknabbert aus. [...][265]

Diese Zeile klingt nahezu wie eine Parodie der klassischen Regel. Eine mäßige Öffnung kann nicht eingehalten werden, da der Mund verunstaltet und zu keiner Bewegung fähig ist. Die Mimik wurde von der Leichenstarre ersetzt. Der Blick schweift vom dem angenagten Mund aus hinein ins Körperinnere des Mädchens. Was in der klassisch-ästhetischen Theorie streng untersagt ist, wird hier provoziert.

An anderer Stelle wird gerade das zur Schau gestellt, was bei Laokoon streng verboten war. Gebärende Frauen schreien vor Schmerzen und Leid. Nicht die Mimik drückt ihren Schmerz aus, sondern ihr lautes Aufschreien, das noch nicht einmal beachtet wird.[266]

---

[265] Benn: Schöne Jugend. In: Ders.: Werke, Bd. 3, S. 8.
[266] Ebd.

Der Mund barg in der Klassik auch die Ekelgefahr, da er zugleich auch Assoziationen an die Vagina und die Geburt anregte. Solche Gedankenverknüpfungen sind bei Benn nicht nur in Bezug auf den Mund, sondern auf den ganzen Körper zu finden.[267]

Besonders die Geburt, darin folgt Benn der Tradition, ist ein Ekelparadigma, da sie mit dem zu Tage treten von Kot und Urin in Verbindung gesetzt wird.

Exakt diese Beschreibung ist in „Saal der kreißenden Frauen"[268] zu finden:

> [...] Schließlich kommt es: bläulich und klein
> Urin und Stuhlgang salben es ein.[269]

Die Brust hingegen wird in Benns Dichtungen des Öfteren erwähnt. Nicht die jungfräuliche, Unschuld widerspiegelnde Brust steht jedoch im Mittelpunkt, sondern eine entstellte, aufgebrochene oder aufgrund von Krankheit zusammengefallene Brust. Sie wird nicht als weibliches Geschlechtsmerkmal angesehen, sondern lediglich als ein menschliches Körperteil, das für die Sektion aufgebrochen werden muss und für Krankheiten anfällig ist. Nur ein einziges Mal greift Benn in „Negerbraut"[270] den Topos der weiblichen Brust in einer Weise auf, wie ihn auch Winckelmann und Herder gebilligt hätten:

> [...] und kniete um ihre bräunlicheren Brüste,
> noch unentstellt durch Laster und Geburt.[271]

Selbst an dieser Stelle ist eine Sinnlichkeit zu beobachten, die leicht als sexuell und deshalb von der geforderten Präsexualität der Statuenbrust abweichend gedeutet werden kann. Dies wird von den symbolischen Koitus unterstützt, den die männliche Leiche mit ihrem Zeh im Ohr der Frau vollzieht:

> [...] Der bohrte
> zwei Zehen seines schmutzigen linken Fußes
> ins Innere ihres kleinen weißen Ohrs.[272]

---

[267] Vgl. II.I.2
[268] Benn, Gottfried: Saal der kreißenden Frauen. In. Ders.: Werke, Bd. 3, S. 16.
[269] Ebd.
[270] Benn, Gottfried: Negerbraut. In. Ders.: Werke, Bd. 3, S. 9.
[271] Ebd.

An dieser Stelle weicht Benn wiederum von den Forderungen Winckelmanns und Herders ab.

Am Ende des Gedichtes greift er ein Verfahren auf, das auch in der klassisch-ästhetischen Theorie oft angewendet wurde. Anstelle die Nacktheit der Figuren zu zeigen, werden die Statuenkörper mit nassen Gewändern oder auch Tüchern bedeckt:

> [...] einen Purpurschurz aus totem Blut
> ihr um die Hüften warf.[273]

Die Zeile führt unweigerlich zu Assoziationen an koische Gewänder. Näher betrachtet wird klar, dass ein Schurz aus Blut den Körper auf der einen Seite bedeckt, ihn aber auf der anderen Seite um so widerlicher macht und die Tatsache seines Todes noch betont. Für das Gedicht „Negerbraut"[274] scheint es typisch zu sein, dass Benn auf Methoden zurückgreift, die oberflächlich betrachtet zunächst dazu beitragen, das Gedicht als schöner und in seiner Ekelgefahr geringer zu bezeichnen, als die anderen Morgue-Gedichte. Näher analysiert trägt diese Methodik aber nur zur Kontrastierung bei und lässt daher das Ekelhafte und Hässliche noch deutlicher erscheinen.

Die Geschlechtsorgane werden in den behandelten Gedichten thematisch außer Acht gelassen, obwohl auch von Geburt und Sexualität die Rede ist. Benn legt den Schwerpunkt der Dichtungen nicht auf einzelne Details der menschlichen Sexualität, sondern auf die gesamte Leiblichkeit des Menschen und deren Verfall.

Dies ist offensichtlich, überblickt man die Fülle von Symbolen der Krankheit und des Todes. Diese Fülle von Verfall und Krankheit, wäre in der Klassik undenkbar gewesen. Sie hätte den ästhetischen Sinn verletzt und unweigerlich durch Übersättigung zum Ekel geführt. Erst die Mischung mit dem Schönen, wobei dieses den Überfluss haben muss, hätte zu einer vollendeten dramatischen Darstellung geführt. Benn sah seine Werke, wie im vorigen Kapitel dargestellt wurde, allerdings nicht aufgrund des schönen Inhalts, sondern aufgrund des Stils

---

[272] Ebd.
[273] Ebd.
[274] Ebd.

als vollendet an. Er nimmt somit eine entgegengesetzte Position zu den Theoretikern der Klassik ein.

Nochmals apparent wird dies, ist man sich bewusst, dass Benn auch den Topos aufgreift, der in der klassisch-ästhetischen Theorie den maximalen Ekelwert innehatte. Die ‚vetula' versammelte alle angeführten Ekeldefekte in sich und stellte somit die absolute Degeneration des Idealkörpers dar:

> [...] mit vierzig fängt die Blase an zu laufen [...][275]
> [...] Verkackt die Greisin Nacht für Nacht ihr Bett –
> Schmiert sich der Greis die mürben Schenkel zu,
> und ihr reicht Fraß, es in den Darm zu lümmeln [...][276]

Diese Textzeilen verdeutlichen eben das Bild, das schon im Mittelalter von der hässlichen Alten gezeichnet wurde. Lediglich die Sexualisierung tritt hinter dem Verfall und der Hässlichkeit zurück.

In dem Gedicht „Nachtcafé"[277] wird die ‚vetula' noch genauer beschrieben.

> Die Tür fließt hin: Ein Weib
> Wüste ausgedörrt. Kanaanitisch braun.
> Keusch. Höhlenreich. Ein Duft kommt mit
> Kaum Duft.[278]

Das Weib tritt in das Café hinein, ausgedörrte braune, wahrscheinlich lederartige Haut umgibt sie. Ihre Oberfläche erscheint faltig, „höhlenreich".[279] Der Leser assoziiert ein hässliches Weib.

---

[275] Vgl. Benn, Gottfried: Der Arzt II. In: Ders.: Werke, Bd. 3, S. 12.
[276] Ebd.
[277] Benn, Gottfried: Nachtcafé. In: Ders.: Werke, Bd. 3, S. 18 f.
[278] Ebd.
[279] Ebd.

Zusammenfassend stellt man fest, dass der Autor Gottfried Benn in seinen frühen Gedichten nahezu das Gegenteil von dem praktiziert, was die klassisch-ästhetischen Theoretiker zur Herstellung und Erhaltung des idealschönen Körpers vorgeben. An den Stellen, an denen er sich auf den ersten Blick an die Regeln hält, fällt bei genauerem Hinsehen auf, dass er das Sinnliche und Schöne nur zur Kontrastierung und Unterstützung des Ekelhaften nutzt.

Man muss sicherlich dem Einwand nachgehen, dass es keinesfalls im Detail nachzuweisen ist, dass Benn sich wirklich gegen die klassischen Regeln des idealschönen Statuenkörpers wendet. In den betrachteten Gedichten sind jedoch viele Hinweise zu finden. Benns humanistische Bildung sowie seine weitere Hochschulbildung lassen darauf schließen, dass ihm die Theorien und Regeln Winckelmanns, Herders und anderer bekannt waren. Auch in „Karyatide",[280] einem relativ frühen Gedicht, wird die Statuenthematik aufgegriffen. Es zeigt durch seine zersprengte Form die Abwendung von einer statisch-klassizistisch aufgefassten Antike.[281] Die Annahme, dass Benn die Schriften Winckelmanns kannte, der sich vor allem mit der Kunst des Altertums beschäftigte, liegt daher nahe.

Im folgenden Kapitel gehe ich der Frage nach, inwieweit Benn von der Romantik, besonders der „schwarzen Romantik" beeinflusst wurde.

2.3. Romantik und die Ästhetik des Hässlichen

Benn in die Tradition der Romantik zu stellen, fällt auf den ersten Blick schwer. An seinen Gedichten erscheint dem Leser absolut nichts romantisch. Die romantisch-naive Naturlyrik oder die an Märchen und Sagen erinnernden Texte der Romantik lassen sich schwer mit den am Verfall des Lebens orientierten Gedichten Benns vereinbaren.

Bei näherer Betrachtung sind jedoch leichte Einflüsse der romantischen Strömung erkennbar.

Um diese festzustellen, muss man sich von der naiv-ästhetischen Romantik abwenden und sich auf die sogenannte schwarze Romantik konzentrieren.

---

[280] Vgl. Benn, Gottfried: Karyatide. In: Ders.: Werke, Bd. 3, S. 45.
[281] Wodtke, Friedrich Wilhelm: Die Antike im Werk Gottfried Benns. Wiesbaden 1963, S. 29.

Ziel der traditionellen romantischen Bewegung war nicht mehr die objektiv gestaltete, perfekte Kunstgestalt der Klassik, die mit der Nachahmung und Perfektionierung der Natur einherging. Wie die Romantiker wendet auch Gottfried Benn sich gegen die Normen und Werte seiner Zeit, doch schon allein in dieser Tatsache seinen Bezug zur Romantik zu erkennen, ist sicherlich verfrüht, denn in Hinsicht auf die Subjektivität unterscheidet er sich von dieser Epoche. Wie oben erwähnt sind Benns frühe Gedichte keineswegs von schwärmerischer Subjektivität durchzogen. Der Ton ist kühl und eher als objektiv zu bezeichnen.

Auffallend ist jedoch die Entwertung des Statuenkörpers, die sich durch Benns Gedichte zieht und einleitender Faktor für die romantische Bewegung war. Das Ziel der absoluten Schönheit herrschte nicht mehr in den romantischen Werken vor. Vielmehr sollte ein ästhetischer Zustand erreicht werden, in dem sich Traum und Wirklichkeit mischten.

Als Traum kann man Benns Gedichte nicht bezeichnen, sie sind vielmehr Albtraum der Realität. Die Wirklichkeit herrscht vor und zwar in einem Maße, in dem sie fast unerträglich ist und sich von einer ästhetischen Schönheit abwendet.

In der Abkehrung vom klassischen Schönheitsideal und der Schönheit überhaupt gibt es jedoch einen Bezugspunkt zwischen Benns Lyrik und der Romantik.

Unter dem Siegel des Interessanten wandten sich die Romantiker der Sphäre des Hässlichen zu und nutzen es dazu, eine ästhetische Lust zu wecken. Diese Leidenschaft wurde von dem Gegenpol des Schönen hervorgerufen, der ihr eigentlich zu widersprechen schien. Das Grauen wurde als Quelle von Lust und Schönheit entdeckt. „Schaudern als eine Kategorie der Schönheit wurde schließlich eines der spezifischen Elemente des Schönen".[282] Dieser Gegenpol, das Hässliche und Ekelerregende, nimmt in Benns früher Lyrik die Hauptposition ein, während das Schöne die unterstützende und kontrastierende Funktion übernimmt. Auch Benns Dichtungen rufen daher beim Leser eine Empfindung hervor, man muss allerdings der Frage nachgehen, ob sich diese als Lust charakterisieren lässt. Es ist die Lust am Grausamen und Ekligen, die auch in der schwarzen Romantik zu finden ist. Es ist eine Lust am Ekelerregenden, das der Leser in der Realität nicht verkraften würde und deshalb in der Kunst genießt. Es ist eine Empfindung, die gleichzeitig Leidenschaft und Ekel in sich vereint und

---

[282] Praz, Mario: Liebe, Tod und Teufel, S. 45.

43

fast schmerzhaft ist. In dieser Provokation treffen sich Benn und die Romantiker. Auch Benn ruft mit seinen Dichtungen neue, bisher nicht dagewesene Empfindungen hervor. Dies wurde schon bei der Erstrezeption der Morgue deutlich. Ekelerregendes in dieser brutalen Form gab es vor Benn sehr selten und kaum in dieser radikalen Weise.

In gleicher Methode, wie die Spätromantiker Schaudern und Schrecken nutzen, gebraucht Benn den Ekel am Verfall. Doch in der Art des Ekel und Grauens finden sich Unterschiede. Trotz der romantischen Hinwendung zum Satanischen und Gewalttätigen wird in diesem Zusammenhag von „schönem Ekel" gesprochen.

> Der schöne Ekel in dieser Diabolik, die sich absichtlich in Sünde stürzt, um nachher den süßen Schauder der Reue zu genießen, die Menschenverachtung, die Hingabe an das Böse, nur um in dem wüsten Gefühl der universellen Verworfenheit zu schwelgen [...][283]

Der Ekel der Romantik rief drastische Empfindungen hervor, die nach dem Genuss in Reue übergingen. Ist es das, was man nach der Lektüre der Morgue-Gedichte empfindet: Reue? Sicherlich nicht und darin unterscheidet sich Benn in eklatanter Weise von den Romantikern. Die Dichtungen sind nicht nur gemacht, um eine Gefühl hervorzurufen, obwohl es sicherlich eines ihrer Ziele ist, zu schockieren. Hauptziel, und das wird vor allem im letzten Kapitel deutlich werden, ist es, das Leiden an der Welt, an der Wirklichkeit der Gesellschaft in neuer und überwirklicher und daher ekelerregender Weise auszudrücken. Dabei greift Benn, wie oben geschildert, auf Mittel des Romantischen zurück.

In der Qualität des Ekels und den Themen finden sich Ungleichheiten zwischen Benn und den Literaten der Romantik. Wie oben dargestellt, greift Benn hauptsächlich auf den Verfall des Leibes, den Tod und die Sektion als Themen und Ekelauslöser zurück. Dabei nutzt er hyperreale Schilderungen, um die Wirklichkeit darzustellen. Die romantischen Autoren dagegen drifteten oft in die Phantasie oder ins Mystische ab. Sie versuchten nicht, mit der Darstellung der Realität, Ekel, Schauder und Grauen zu wecken, sondern bezogen sich, wie z.B. E.T.A Hoffman, auf märchenartige und phantastische Themen. Das Schaudern ergab sich oft aus der Erkenntnis, dass das, was wahr schien, nicht Wirklichkeit ist. Der Schauerroman erzielte seine Wirkung nicht durch die Darstellung von Verwesung. Die romantische Literatur nutzte die Hässlichkeit des Todes und der Leichen, um auch deren Schönheit darzustellen. Gleich wie hässlich und ekelerregend die Schilderung der Toten waren, sie behielten die

---

[283] Rosenkranz, Karl: Ästhetik des Häßlichen, S. 381 f f.

Schönheit des Dargestellten immer im Blick. Benn hingegen verdrängt die Schönheit nahezu aus seinen Werken, er nutzt das Hässliche nicht, um auch das Schöne zu zeigen, sondern um seiner selbst Willen. Auch einen Rückgriff auf die Stilmittel der sehnsuchtsvollen Romantik nutzt Benn, um ihn als Kontrast für das Hässliche zu verwenden. Die Überschrift des Gedichtes „Schöne Jugend" verweist, so Killy,[284] auf ein romantisches Volkslied. Diese Thematik steht jedoch in Opposition zum Inhalt des Gedichtes. Der Gehalt des Gedichtes wird durch die Erwartung romantischer Naturlyrik aufgrund des Titels als noch hässlicher und ekliger empfunden.

Eine Beziehung Benns lässt sich auch zu Karl Rosenkranz' Ästhetik des Hässlichen feststellen.

> Das Ekelhafte ist die reele Seite (des Scheußlichen), die Negation der schönen Form der Erscheinung durch eine Unform, die aus der physischen oder moralischen Verwesung entspringt. Nach der alten Regel, a potiori fit denominatio, nennen wir auch niedrige Stufen des Widrigen und Gemeinen ekelhaft, weil alles das uns durch die Auflösung der Form unser ästhetisches Gefühl verletzt. Für den Begriff des Ekelhaften im engeren Sinn aber müssen wir die Bestimmung des Verwesens hinzufügen, weil dasselbe dasjenige Werden des Todes enthält, das nicht sowohl ein Welken und Sterben, als vielmehr das Entwerden des schon Todten ist. Der Schein des Leben im an sich Todten ist das unendlich Widrige im Ekelhaften.[285]

Die Verwesung steht im Mittelpunkt des Ekels bei Benn wie auch bei Rosenkranz. Moralisch verwesen die Menschen bei Benn, indem sie sich in ihrer Evolution zurückentwickeln und zum Tier werden. Ihr Verhalten steuert auf Triebbefriedigung hin und wendet sich von der sozialen Seite der menschlichen Beziehungen ab:

> [...]zweien, die einst miteinander hurten[...].[286]

Deutlicher wird die Beziehung noch, wenn Rosenkranz das Ekelhafte genauer beschreibt:

> Das Ekelhafte als ein Product der Natur, Schweiß, Schleim, Koth, Geschwüre u. dgl., ist Todtes, was der Organismus von sich ausscheidet und damit der Verwesung übergibt.[287]

In den Kapitel 1.1.1 bis 1.1.8 wurde deutlich, dass Benn gerade auf diese Topoi zurückgreift, um den Verfall des Leibes darzustellen. Körperausscheidungen und auch Geschwüre als Deformation des Körpers nutzt Benn vielfach. Er greift damit genau auf das zurück, was Rosenkranz als das prototypisch Ekelhafte bezeichnete. Problematisch wird diese Behauptung

---

[284] Killy, W.: Wandlungen des lyrischen Bildes.
[285] Rosenkranz, Karl: Ästhetik des Häßlichen, S. 312-313.
[286] Benn, Gottfried: Requiem. In: Ders.: Werke, Bd. 3, S. 10.
[287] Rosenkranz, Karl: Ästhetik des Häßlichen, S. 313.

allerdings dort, wo Benn auch noch lebende Organismen in seinen Gedichten behandelt. Diese schloss Rosenkranz aus, wenn er sich nur auf Totes bezog, das nicht mehr mit dem Körper in Zusammenhang steht, sondern von ihm ausgeschieden wurde. Benns frühe Gedichte kann man unter Einbeziehung dieser Tatsache als Erweiterung der Rosenkranzschen Definition um die Seite des lebenden Organischen verstehen. Nicht nur der Schein des Lebens im Toten, sondern der Schein des Toten im Leben macht die Gedichte Benns ekelhaft. Verwesung in doppelter Hinsicht, wobei der Verfall des Lebens dominiert, sind Thema der frühen Gedichte.

Die Degeneration beginnt bei der Geburt

[...] Und die Frucht-:
das wird sehr häufig schon verquiemt geboren:
mit Beuteln auf dem Rücken, Rachenspalten,
schieläugig, hodenlos [...].[288]

Sie wird durch Krankheit vorangetrieben:

[...] Hier diese Reihe sind zerfallene Schöße
und diese Reihe ist zerfallene Brust.
Bett stinkt bei Bett [...].[289]

Die Verwesung fängt somit schon im Leben an:

[...] Die Rücken sind wund. Du siehst die Fliegen [...][290],

im Tot zersetzt sich die Leiche weiter :

Der Mund [...] sah so angeknabbert aus.
Als man die Brust aufbrach, war die Speiseröhre so löcherig.[291]

Rosenkranz richtete seine Aufmerksamkeit nicht auf die Degeneration des idealschönen Körpers, sondern auf die Ausscheidungen. Im Unterschied dazu richtet Benn den Fokus auf

---

[288] Benn, Gottfried: Der Arzt III. In: Ders.: Werke, Bd. 3, S. 13.
[289] Benn, Gottfried: Mann und Frau gehen durch die Krebsbaracke. In: Ders.: Werke, Bd. 3, S. 14.
[290] Ebd.
[291] Benn, Gottfried: Schöne Jugend. In: Ders.: Werke, Bd. 3, S. 8.

die Verwesung des Leibes und nutzt die Sphäre der Exkretion dazu, den Verfall thematisch zu unterstützen und den Niedergang des Lebens im Dreck darzustellen. Er legt den Schwerpunkt, im Vergleich zu Karl Rosenkranz, auf die Degeneration des Leibes. Die Krankheit, bei Benn Mittel, um den Niedergang des Leibes darzustellen, war bei Rosenkranz aus der Kunst ausgeschlossen, wenn sie „auf einem unsittlichen Grunde [...]"[292] beruht. Die moralische Sphäre wird hier deutlich. Rosenkranz legte den Schwerpunkt auf die moralische Verwesung der Gesellschaft. Als Zeichen des Göttlichen und der Naturgewalt war die Krankheit jedoch in der Kunst zugelassen, da sie moralischen Nutzen hat.[293] Ekel war für Rosenkranz demnach auch ein Mittel, um den Menschen zu bessern. Bei Benn ist diese Perspektive nirgends zu finden, eine Besserung des Menschen ist nicht sein Ziel.

Betrachtet man die frühen Gedichte genauer unter Einbezug des historischen Hintergrunds und der Gefühlslage der Generation Benns, so kann man aus den Gedichten auch den Verfall der Menschlichkeit und der sozialen Gesellschaft lesen. Die kulturelle Verwesung der Großstadt betrachtete auch Rosenkranz als Ekelparadigma. Paris war für ihn Chiffre des Ekels. Analog dazu erlebt Benn im Berlin des frühen 20. Jh. die Verwesung der Menschlichkeit und des Menschen in der modernen Gesellschaft. Eine Vertiefung der Perspektive Rosenkranz', die auch ausgehend von Baudelaire Benn beeinflusst hat, wird in der Dekadenz offensichtlich.[294]

Rosenkranz' Theorie des Ekels mit dem Hauptaugenmerk auf der Verwesung, lässt sich gut auf die Gedichte Benns anwenden, in dem Augenblick, wo sich Rosenkranz jedoch selbst auf die Literatur bezieht, wird es problematisch. An dieser Stelle lizensierte er das Ekelhafte als Teil des Schönen und ließ es in Verbindung mit der Satire und der Karikatur im Feld des Komischen zu. In diesem Punkt steht seine Definition der Lessings sehr nahe, die als unkompatibel mit der Bennschen Verwendung des Ekels dargestellt wurde. Allenfalls Spott ist in Verbindung mit der Religion und dem Ekel in den frühen Gedichten Benns zu finden.[295] Hier wird demnach die Grenze der Kompatibilität der Rosenkranzschen Theorie und der Verwendung des Ekels in den behandelten Gedichten erreicht.

---

[292] Rosenkranz, Karl: Ästhetik des Häßlichen, S. 317.
[293] Rosenkranz, Karl: Ästhetik des Häßlichen, S. 319.
[294] Vgl. Kapitel 3.4
[295] Vgl. II 1.1.6

Unbestreitbar wirkt die Romantik in Benns früher Lyrik nach, wenn es darum geht, mit der Tradition des Alten zu brechen und sich der Hässlichkeit zuzuwenden. Es wurde aber offensichtlich, dass Benns sich in der Qualität des ästhetisch Ekligen und der Zielsetzung seiner Dichtungen in mancher Weise distanziert. In Bezug auf Rosenkranz gibt es einige Bezugspunkte, die von Benn übernommen und auch erweitert werden. Sobald Rosenkranz sich jedoch auf die Literatur bezieht, sind Benns Gedichte und Rosenkranz' Ansichten nicht mehr verträglich. Trotzdem halte ich die Darstellung der Übereinstimmung zwischen der Erklärung des Ekelhaften in Rosenkranz' Theorie mit Benns Gedichten und deren Modifizierung von Benn für bedeutsam.

In der Sekundärliteratur wird vielfach eine ebenso bedeutsame Beziehung zwischen Benn und den Naturalisten dargestellt. Das folgende Kapitel wird dieser Meinung nachgehen und eine etwaige Beziehung erläutern.

2.4. Nachwirkungen des Naturalismus

Benn ist kein prototypischer Naturalist. In vielerlei Hinsicht sind thematische und stilistische Bezüge zwischen seinen frühen Gedichten und der naturalistischen Literatur auszumachen.

Der Naturalismus stellte einen Wendepunkt in der Geschichte der Literatur dar. Die Literaten orientierten sich nicht mehr an der Schönheit oder an klassischen und romantischen Motiven. In der Themenwahl stand Benn dem Realismus zunächst noch nahe, doch wollte der Naturalismus ein wirkliches Abbild der Natur mit allen Zufälligkeiten und Hässlichkeiten bieten.[296]

Benn orientiert sich ebenso an der Wirklichkeit und wendet sich von Schönem und Romantischem ab, doch halte ich es für zweifelhaft, ob es sein absolutes Ziel war, die Wirklichkeit mit all ihrem Elend zu zeigen. Seine frühen Gedichte zeigen meist nur einen kleinen Ausschnitt der Realität, der in der medizinischen Sphäre stattfindet. Nicht das ganze Leben in den Hinterhöfen spielt die Hauptrolle, sondern der Verfall und die Krankheit des Menschen. Im Mittelpunkt der Dichtungen steht nicht das soziale Zusammensein der

---

[296] Naturalismus. Hrsg. von Günther Mahal, S.120 f f.

Menschen in der modernen Gesellschaft, sondern der nahe und schon geschehene Tod sowie die Sektion durch den Mediziner.

Die Thematik der hässlichen, vom Verfall bedrohten Körperlichkeit zielt bei Benn auf ein Menschenbild und darüber hinaus auf ein Weltbild hin. Diese Weltsicht ergibt sich auf der einen Seite aus der Wirklichkeitserfahrung Benns, doch intendiert sie andererseits keine Veränderung der Realität. Es ist eine Wirklichkeitserfahrung, die sich aus der Dissoziation des Autors mit der ihn umgebenen Umwelt ergibt.[297] Die Welt wird als hässliches Ganzes empfunden. Menschliches Dasein ist für Benn nur ein Aspekt der Hässlichkeit der Welt, der ihm als Arzt besonders nahe stand. Das Fleisch ist für ihn hässlich und in seinen Funktionen sinnlos und repräsentiert einen Ausschnitt der hässlichen und sinnentleerten Realität.[298]

Der determinierte, degenerierte und daher fremdbestimmte Mensch war eines der Zentralmotive der naturalistischen Literatur. Dieser Determinationskomplex ist in den frühen Gedichten Benns nicht in naturalistischer Ausprägung zu finden. Hier ist die Freiheit des Individuums durch seinen Verfall begrenzt. Bestimmt und beschränkt ist das Leben der Figuren wegen ihrer körperlichen und geistigen Degeneration. Anklänge an die vorangegangene Determination durch sündhaftes Leben als Dirne oder durch den Alkoholismus des ersoffenen Bierfahrers werden erwähnt, bilden jedoch nicht die Hauptkomponente der Determination.

Die Motivwahl der Naturalisten war besonders durch ihr gesellschaftliches Erleben in der modernen und überbevölkerten Großstadt geprägt. Benns Erfahrungen in der Großstadt Berlin sind dagegen beeinflusst von seinem Erleben im Berliner Großstadtkrankenhaus. Besonders in den Gedichten „Curettage"[299] und „Saal der kreißenden Frauen"[300] findet sich der Hinweis auf die Armenschicht, der an die naturalistische Anklage des Elends erinnert. Deutlich wird das Leid der Frauen, um das sich jedoch niemand kümmert.

[...] Es wird nirgends soviel geschrien.
Es wird nirgends Schmerzen und Leid
So ganz und gar nicht beachtet,
weil hier eben immer etwas schreit.[301]

---

[297] Vgl. II. 3.3
[298] Vgl. II 3.3.2
[299] Benn, Gottfried: Curettage. In: Gottfried Benn: Werke Bd. 3, S. 17.
[300] Benn, Gottfried: Saal der kreißenden Frauen. In: Ders.: Werke, Bd. 3, S. 16.
[301] Ebd.

Der Akzent liegt nicht, wie es im Gegensatz dazu im Naturalismus zu erwarten gewesen wäre, auf der Anprangerung des Elends, sondern auf der Nichtbeachtung des Leidens und der dreckigen Geburt des neuen Lebens. Der anklagende und auf Veränderung abzielende Ton der naturalistischen Literatur fehlt. Es wird lediglich die Realität eines Mediziners dargestellt, der aufgrund der Menge seiner Patienten Empathie und Mitleid verloren hat und nur noch seiner Arbeit nachgeht. Im Gegensatz dazu haben die Naturalisten die sozialkritische Intention, die Missstände ihrer Gesellschaft durch die Literatur, besonders das Drama, aufzudecken und den Menschen vor Augen zu führen. Die moralisierende Funktion der naturalistischen Literatur kann und will Benns Dichtung nicht leisten. Sie provoziert mit der Häufung an Ekelerregendem und Hässlichem, vor dem auch die Naturalisten nicht zurück schreckten, doch ruft sie nicht zur Änderung der Zustände auf. Den Tod oder die Krankheiten der Menschen kann man durch moralische Besserung nicht ändern. Lediglich das Arzt-Patienten-Verhältnis und somit die Einstellung des Mediziners zur Leiche könnte geändert werden, doch das klagt Benn nicht an, er beschreibt es lediglich. Die Erfahrungen des Mediziners in einer von Verfall und Anonymisierung geprägten Großstadt sind Thema der frühen Gedichte, zugleich spiegelt sich die Wirklichkeitserfahrung Benns wider.[302]

Stilistisch reiht Benn sich kaum in die naturwissenschaftlich geprägte Tradition des Naturalismus ein. Die medizinische Nomenklatur wurde in der naturalistischen Literatur massiv gebraucht. In Kapitel 1.1.5 wurde festgestellt, dass Benn den medizinischen Bereich thematisiert, jedoch keine Fachtermini gebraucht. Eine Hinwendung zur jargonhaften Sprache, die besonders im sozialen Drama genutzt wurde, ist jedoch an manchen Stellen zu beobachten. Zum Beispiel wird ein „ersoffener Bierfahrer [...] auf den Tisch gestemmt"[303], an anderer Stelle „kläff[en]"[304] Menschen.

Trotz seiner medizinischen Ausbildung und seinem Interesse an der Naturwissenschaft ist eine eindeutiges Aufgreifen der Naturwissenschaft in Wortwahl und Stil nicht auszumachen. Die Zurückdrängung der Subjektivität lässt jedoch den sezierenden Blick des Mediziners erkennen, der den Menschen unter der Perspektive des Arbeitsmaterials ansieht.

Der Mensch ist nicht mehr das Individuum, auf dessen Schicksal aufmerksam gemacht werden soll. Er ist nur noch eine Leiche von vielen oder ein Kranker in einer Masse.

---

[302] Vgl. II. 3.3.
[303] Benn, Gottfried: Kleine Aster. In: Ders.: Werke, Bd. 3, S. 7.
[304] Benn, Gottfried: Der Arzt II. In: Ders.: Werke, Bd. 3, S. 12.

[...] Hier diese Reihe sind zerfallene Schöße
Und diese Reihe ist zerfallene Brust.[305]

Zugleich erfährt er als Arbeitsmaterial des Mediziners eine Utilisierung. Die Individualität wird ihm abgesprochen.

Bei der Darstellung der Symbolik des Ekels in den frühen Gedichten fiel eine Vertierung des Menschen auf, die auch in den späteren Gedichten fortgeführt wird. Die ‚Bestie Mensch' spielte auch in der naturalistischen Literatur eine Rolle. Subproletarische Existenzen, wie Dirnen, Arbeiter und Ausgestoßene, waren die Lieblingsfiguren der Naturalisten.[306] Sie griffen sie heraus, um an ihnen das Elend der Gesellschaft zu beschreiben. Bei Benn liegt die Annahme nahe, dass er die Figuren auf der einen Seite wählt, um durch Assoziationen des Drecks und Vorurteile den Ekeleffekt vor diesen Personengruppen noch zu verstärken. Auf der anderen Seite gehören Dirnen und Arme zu den Menschen, mit denen er alltäglich zu tun hatte.

Das Animalische diente den Naturalisten dazu, die Vertierung des Menschen durch die Gesellschaft darzustellen. Dabei verwendeten sie oft gewalttätige und aggressive Beschreibungen, wie die Beispiele der Erzählung „Ein Tierkäfig"[307] schon zeigten. Die Bestialität zeigte die soziale Vertierung des Menschen.

Auf gewalttätige Beschreibungen verzichtet Benn in diesem Zusammenhang in den frühen Gedichten völlig. In Kapitel 1.1.5 wurde bereits festgestellt, dass der Mensch auch in seinen Dichtungen öfters auf die Stufe mit einem Tier gestellt wird:

„Die Krone der Schöpfung, das Schwein der Mensch",[308] bildet die wohl deutlichste Aussage. Sobald der Mensch jedoch mit dem Tier gleichgestellt wird, tritt bei Benn auch eine religiöse Perspektive hinzu. Es geht nicht um die soziale Vertierung des Menschen durch die Gesellschaft, sondern um eine nahezu spöttische Einstellung gegenüber der traditionellen christlich-religiösen Weltsicht. In teilweise verachtender Weise sieht Benn den vertierten

---

[305] Benn, Gottfried: Mann und Frau gehen durch die Krebsbaracke. In. Ders.: Werke, Bd. 3, S. 14f.
[306] Naturalismus. Hrsg. von Günther Mahal, S. 123.
[307] O.A.: Ein Tierkäfig. Pariser Idylle. In: die Gesellschaft, Bd. 1, S. 7-10.
[308] Benn, Gottfried: Der Arzt II. In: Ders.: Werke, Bd. 3, S. 12.

Menschen. „Das Schwein",[309] „Solch Geknolle",[310] sind nur einige Ausdrücke, mit denen er den Menschen verhöhnt. Nicht eine gesellschaftliche Situation, sondern eine Welt- und Menschensicht spiegeln sich in der Vertierung der Bennschen Figuren wider.

Das Eklige und Hässliche blieb in der Literatur des Naturalismus trotz allem immer noch Ausnahme und Gegenpol des Schönen. Es war gerechtfertigt wegen des Hervorrufens von ästhetischer Lust und Mitleid. Die Neugier lizensierte zudem den Blick in die Abgründe des menschlichen Daseins. Die Position des Gegenpols nimmt das Hässliche in den Dichtungen Benns nicht mehr ein. Es überwiegt und kann, wie in Kapitel 2 beschrieben, eine Art Sättigungsekel durch den Überfluss hervorrufen. Eine Lizenzierung aufgrund von Neugier ist aber auch bei Benn eine Möglichkeit, dem Ekel einen legitimen Platz zu verschaffen. Es ist die Neugier an der Hässlichkeit des Todes und des leiblichen Verfalls. Zudem ist das Ekelhafte bei Benn eine Provokation, die den Leser dazu bringt, der Realität seines Verfalls ins Auge zu sehen. Offensichtlicher ist jedoch Benns Wirklichkeitserfahrung und Wahrnehmung, die sich in den Dichtungen widerspiegelt und die von Verfall und Ekel geprägt war.

3. Typische Erscheinung des Expressionismus oder Leidender des Fin de Siècle ?

Die Sekundärliteratur ordnet Benn meist der Epoche des Expressionismus zu. Mit Blick auf die Darstellung ekelhafter Motive und Themen wird in diesem Kapitel der Frage nachgegangen, ob Benn wirklich ein prototypischer Expressionist ist oder eher der Dekadenz und dem Fin du Siècle zuzuordnen ist.

3.1. Benn und die dekadente Gefühlslage

Benns frühe Gedichte entstanden 1912, zu einer Zeit, in der die Stimmung der Dekadenz noch nachwirkte und allmählich in den Expressionismus überging. Der Arzt Benn lebte in der

---

[309] Ebd.
[310] Benn, Gottfried: Der Arzt II. In: Ders.: Werke, Bd. 3, S. 12.

Großstadt Berlin, in der die Gemütslage des Fin de Siècle in dieser Zeit und in den Jahren davor zu spüren war.

Die Literatur des Fin de Siècle beziehungsweise der Dekadenz war geprägt von der Gefühlslage und die Wirklichkeitswahrnehmung ihrer Autoren. Der Wertewandel schritt mit der Vergrößerung der Städte und der Industrialisierung weiter fort. Auch die Erfahrung mit der Naturwissenschaft, die seit dem Naturalismus weiter fortgeschritten war, beeinflusste die Literaten nachhaltig.[311] Die Welt wird zunehmend als Feind empfunden und die Großstadt als Macht, in der der Mensch sich zusehends verliert. Der Weltschmerz, der so genannte Ennui, war typisch für die Dekadenz. Gleichzeitig herrschte eine Langeweile vor, die immer wieder zu Neuem anregte. Die Suche nach dem Erneuerten, die von der Qual der Langeweile angetrieben wurde, entdeckte das Hässliche als neuen Reiz, sogar als Objekt des Genusses. In dieser Gefühlslage spiegeln sich deutlich die Einflüsse Nietzsches Nihilismusanalyse wider, die in der Zeit der Frühexpressionismus wesentlich stärkeren Einfluss auf die Autoren hatte.

Die frühen Gedichte Benns reihen sich zu einem großen Teil in die beschriebene Grundströmung der Jahrhundertwende ein. Eine feindliche Haltung gegenüber der ihn umgebenen Wirklichkeit, wie sie sich als Gesellschafts- und Wirtschaftsstruktur mit den von ihr geschaffenen Menschen darstellt, allgemein das Vergänglichkeitsschicksal der Gesellschaft, ist offensichtlich und wurde schon mehrmals angesprochen. Die Sektions- und Krankenhausszenen beschreiben nur einen kleinen Ausschnitt der Gesellschaft, die zu dieser Zeit von Verfall, Anonymisierung, Werte- und Sicherheitsverlust geprägt war. In dieser Welt fand sich auch der typisch Dekadente nicht mehr zurecht. Benns Gedichte spiegeln die Wirklichkeit in brutaler Weise wieder. Seine Wirklichkeitserfahrung war geprägt von der Wahrnehmung des Verfalls und der Krankheit.[312] Im Hinblick auf die Gefühlslage der Dekadenten, aber auch schon in Vorschau auf die frühexpressionistische Literatur, ist anzunehmen, dass sich in dieser Wahrnehmung zugleich Benns Weltbild widerspiegelt. Nicht nur der einzelne Mensch kämpft mit der Verwesung, sondern die ganze Gesellschaft. Sie leidet an der moralischen wie auch kulturellen Auflösung und an der Krankheit der Anonymisierung und Übervölkerung. Dort, wo in den Krankenhäusern nicht mehr geheilt, sondern nur abgewartet und der Mensch als Objekt behandelt wird, da spiegelt sich auch

---

[311] Vgl. Wucherpfennig, Wolf: Antworten auf die naturwissenschaftlichen Herausforderungen in der Literatur der Jahrhundertwende. In: Hansers Sozialgeschichte der deutschen Literatur. Band 7. Naturalismus, Fin de Siècle, Expressionismus, 1890-1918. Hrsg. von York- Gothart Mix. München/Wien 2000, S. 155 f f.
[312] Vgl. Kapitel 1.1.1.

Benns Gesellschaftsbild wider. Was zählt, ist nicht mehr die Seele und der Geist, sondern nur noch die materielle Körperlichkeit. Materialismus geht vor Intellekt. An dieser Welt leidet man und man sucht nach neuen Reizen, die ablenken. Diese Attraktionen findet Benn in der ekelerregenden und zugleich provozierenden Beschreibung, die zu Zivilisationskritik ausartet, ebenso wie bei Baudelaire. Benns Leiden ergibt sich nicht aus der Langeweile am Leben, sondern aus dem Leiden an den wechselnden sozialen Zuständen, die er als Arzt direkt miterleben musste.[313]

Die Wirklichkeit wird zum Problem, denn sie ist von dem Verfall geprägt. Nachgeahmt wird sie durch die Dekadenten nur dann, wenn es gilt, ihre negativen Aspekte als stellvertretend für das Ganze ins Licht zu rücken und zu verurteilen. Eine ausdrückliche Kritik formuliert Benn in den frühen Dichtungen nie wörtlich, doch schwingt sie durch die eklige und brutale Darstellung der Realität immer mit. Wie bei Benn lag der Kritik und Provokation der Literatur des Fin de Siècle keine Gesellschaftstheorie zugrunde, sondern eine am „Begriff des Lebens" orientierte Betrachtungsweise".[314] Ein Leben, das von der Zweckfreiheit, Langeweile, Krankheit und Identitätslosigkeit geprägt war. Der Einfluss von Nietzsches Nihilismusanalyse ist deutlich spürbar. Den Ekel am Leben, Ennui, hatte Nietzsche schon erkannt und ihn auf das Gefühl der Sinnlosigkeit der Welt aufgrund der fehlenden Erkenntnis zurückgeführt. Der Mensch erhält keine Antwort auf die Frage nach dem ‚Wozu' und wird schließlich mutlos, bis ihn das Leben anekelt.[315] Das Lebensgefühl der Dekadenz war geprägt von der Übersättigung am Leben, die ihre Ausprägung zudem besonders im Frühexpressionismus fand.

Die Identitätsfindung war ein zentrales Thema der Literatur der Jahrhundertwende. In Benns frühen Gedichten wird es allerdings nicht explizit behandelt. Zu beobachten ist lediglich eine Entpersonifizierung, die mit einem Fehlen jeglicher individueller Identität einhergeht. Das Stilmittel der Entpersonifizierung war besonders im Expressionismus populär und soll daher auch in diesem Zusammenhang besprochen werden.

Betrachtet man die Hauptthemen der dekadenten Literatur und Benns frühe Gedichte, findet man Überschneidungen und Übereinstimmungen. Der Verfall der Moral, der Gesellschaft und des Menschen ist ein Hauptthema. Oft wird er aufbauend auf Nietzsches Vitalismus als Verlust an Vitalität gesehen. Das Grauen war eine Kompensationsform für das ‚Nein' zum

---

[313] Lenning, Walter: Gottfried Benn, S. 25.
[314] Fick, Monika: Literatur der Dekadenz in Deutschland, S. 221.
[315] Balser, Hans-Dieter: Das Problem des Nihilismus im Werke Gottfried Benns; S. 3 f.

Leben. Dieses ‚Nein' und der Mangel an Lebendigkeit spiegeln sich in den behandelten Gedichten wider. Leichen, Kranke und Deformierte bekennen sich nicht mehr zum Leben und auch der Arzt bekundet seine Lebenslust nicht.

In der Dekadenz war der Verfall zum Teil doppelwertig. Zum einen reflektierte er die Resignation der Autoren, zugleich wurde er aber auch als Fähigkeit der Erkenntnis gesehen. Die zweite Perspektive fehlt Benn. Seine Figuren retardieren oft in einen tierischen Zustand, der ihnen die Möglichkeit zur Erkenntnis verwehrt.

Auch in religiöser Hinsicht wird diese Erkenntnis verhindert. Geformt durch die Erfahrung mit der neuen Naturwissenschaft und den Verlust an metaphysischer Sicherheit, erfuhren die Menschen auch eine religiöse Erschütterung. Der Mensch ist nicht mehr das höchste aller Wesen, auch er wird als Vergehendes gesehen. In der Zeile „Die Krone der Schöpfung, das Schwein, der Mensch"[316] findet Benns Glaubenswelt prägnanten Ausdruck. Benn selbst schrieb zu diesem Vers:

> Er ist nicht nur entscheidend, er ist infernalisch, er ist ungoethisch, er schmeckt nach Schwefel und Absinth, aber ich griff ihn während meines Lebens immer wieder auf.[317]

Der zitierte Vers markiert das Ende der traditionellen Vorstellung vom Menschen, er verkehrt sie und erniedrigt den Menschen zum letzten Dreck. Zugleich ist Benns Zorn gegenüber dem Christentum zu spüren, das stets versucht, die Situation durch seine Glaubensgrundsätze zu verschleiern und für das er nur noch Spott übrig hat. Einwirkungen Nietzsches auf Benn, die in den späteren Gedichten ihre vollständige Ausprägung finden, sind schon hier spürbar. „Die Welt, in der wir leben ist ungöttlich, unmoralisch, unmenschlich"[318] fasst zusammen, was Benn und auch die Dekadenten zu ihrem Weltbild führte und was im Expressionismus seine Fortsetzung fand.

Die gewollte Kontrafaktur zum Bürgertum und zur Industrialisierung, die die Dekadenten anstrebten, ist in den behandelten Gedichten nur mäßig zu finden. Lediglich die Hinwendung zum Subproletariat wie Dirnen oder Bierfahrern kann als Opposition zur Bourgeoisie gewertet werden.

---

[316] Benn, Gottfried: Der Arzt II. In: Ders.: Werke, Bd. 3, S. 12.
[317] Benn, Gottfried: Frühe Lyrik und Dramen. In: Ders.: Werke, Bd. 4, S. 410.
[318] Nietzsche, Friedrich: Die fröhliche Wissenschaft. In: Ders.: KSA 3, S. 580.

Der Einfluss Nietzsches findet sich zudem in der Hinwendung zu ekelantizipierenden Motiven, die in der Lyrik Benns offensichtlich sind. Nach Nietzsche lebt der Ekel in den Merkmalen der Dekadenz.[319] Aus der Übersättigung am Leben heraus greifen die Autoren nach dem starken Reiz des Ekelerregenden, um sich neue Attraktionen zu verschaffen. Ekel wird als Selbstprovokation funktionalisiert, birgt aber zugleich die Gefahr der Übersättigung. Es ist schwierig, Benn zu unterstellen, dass er den Ekel gebrauchte, um sich selbst neue Reize zu verschaffen. Sicher ist aber, dass die ekelhafte Themenwahl und deren sprachliche Umsetzung eine Art von Daseinsekel widerspiegeln, der vielfach als Zivilisationskritik interpretiert wird.

Der immerzu immanente Hass auf das Alltägliche ist in der sprachlichen Brutalität der Morgue-Gedichte deutlich spürbar. Als Hauptmerkmal der Dekadenten übernahm Benn ihn und übertrug ihn in die medizinische Sphäre.

Auch stilistisch finden sich korrespondierende Merkmale zwischen den Gedichten Benns und der Literatur des Fin de Siècle. Einen weitgehend den Themen angepassten, alltäglichen und zeitweise ins jargonhafte gleitenden Sprachgebrauch habe ich in den Morgue-Gedichten schon an früherer Stelle festgestellt. Auf Metaphern, sieht man von der Übertragbarkeit der frühen Gedichte auf die gesamte Gesellschaft ab, verzichtet er. Den Dekadenten folgend, sind seine Dichtungen eher eine Art Momentaufnahmen, in denen immer nur eine Szene beschrieben wird oder, wie z.B. in „Saal der kreißenden Frauen",[320] Beobachtungen aneinander gereiht werden.

Insgesamt greift Benn vielfach die Themen und Stilmittel der Dekadenten auf und funktionalisiert das Hässliche und mit ihm den Ekel in zivilisationskritischer und provokativer Weise. In dieser Hinsicht finden sich offensichtliche Parallelen zwischen Benn und Baudelaire.

3.2. Benn in der Tradition Baudelaires?

Meist wird Baudelaire in einem Atemzug mit Benn angeführt, wenn es darum geht, Schriftsteller zu nennen, deren Texte um Verfall und Ekel kreisen. Eine direkte Verbindung

---

[319] Vgl. I.5
[320] Benn, Gottfried: Saal der kreißenden Frauen. In: Ders.: Werke, Bd. 3, S. 16.

zwischen den Schriftstellern ist nicht nachweisbar. Benn behauptete sogar, er habe Baudelaire nie gelesen. Trotzdem gibt es thematische und stilistische Übereinstimmungen im Werk der Autoren. Es ist übertrieben zu behaupten, Benn habe in der Tradition Baudelaires geschrieben, doch unterlagen sie ähnlichen gesellschaftlichen Veränderungen und Geistesströmungen, die beider Themenwahl beeinflussten.

Baudelaire wies, wie es in Bezug auf Benn beobachtet wurde, jegliche Verschönerung und Idealisierung zurück.

Es ist die schon beschriebene Stimmung der Dekadenz zur Zeit der Jahrhundehrwende, die sowohl Benn als auch Baudelaire beeinflussten. Der Ennui, geprägt durch Nietzsche, dominiert das Werk beider Schriftsteller. Die Realität wurde als nutzlos und hässlich empfunden und der Mensch wurde in einer Leere der Traditionslosigkeit zurückgelassen. Baudelaire integrierte das Hässliche in seine Gedichte, da er die ekelerregende Außenwirklichkeit nicht ertragen konnte und die hässlichen Bilder seiner Phantasie vorzog. Während Baudelaire dabei explizit auf die Großstadt einging, beschränkt sich Benn auf die Sphäre der Sektionssaales und der Krankenhäuser.

Der Hang zum Hässlichen, fast schon eine Lust am Ekel, scheint bei beiden vorhanden zu sein. In Baudelaires Gedicht „Au lecteur"[321] wird das Reizvolle am Hässlichen deutlich. Eben diese Lust ist auch bei Benn vorhanden, betrachtet man die Fülle der Ekelmotive, explizit ausgesprochen wird sie aber nicht.

Die Verhäßlichung des Leibes, eine organische Verwesung, ist bei beiden Autoren zentrales Thema. Im Zusammenhang mit Benn wurde sie schon eingehend erläutert. Bei Baudelaire zeigt sie sich besonders im Gedicht „une charogne"[322].

Wie in Benns Gedichten kann die Wirklichkeitskritik bei Baudelaire zur Zivilisationskritik werden:

> O pauvres corps tordus, maigres, ventrus ou flasques,
> Que le Dieu de l'Utile, implacables et serein,
> Enfants, emmaillota dans ses langes d'atrain.[323]

---

[321] Baudelaire, Charles: au Lecteur. In: Le Fleurs du mal, S. 6/7.
[322] Baudelaire, Charles:Le Fleur du mal, S. 57.
[323] Baudelaire, Charles: au Lecteur. In: Le Fleurs du mal, S. 10 f f.

Die Verse beklagen die Verhäßlichung des menschlichen Leibes durch die Herrschaft der Nützlichkeit. Eben diese Herrschaft beobachtet man zugleich bei Benn an Textstellen, an denen der Mensch zum Arbeitsmaterial des Arztes wird, der ihn zu seinem Objekt macht. Benns ekellastige Sektionslyrik kann in ihrer Wirklichkeitsbeschreibung als Zivilisationskritik zur Ächtung aller hässlichen Folgeerscheinungen der modernen Zivilisation moderner Zivilisation gesehen werden.

Im Unterschied zu Benn weicht Baudelaire von der realistischen Darstellung der Verfallsthematik an vielen Stellen ins Visionäre ab. Der Kadaver wird z.B. nicht mehr realistisch wahrgenommen, sondern als aufblühende Blume angesehen. Benn bleibt hingegen weitgehend einer ‚supernaturalistischen' Darstellungsweise verhaftet. An mancher Stelle greift er zu bildhaften Beschreibungen. Die Auflösung der Ordnung kennzeichnet die Sprengung der traditionellen Kunstformen und Vorstellungsbereiche durch die Verknüpfung von scheinbar Unvereinbarem: „[...] auf Kissen dunklen Blutes gebettet [...]".[324]

Beide Autoren wählen den Verfall als Symbol der nicht mehr als harmonische Totalität erfahrenen Wirklichkeit. In der Häufung der Ekelmotive spiegelt sich die erfahrene Hässlichkeit der umgebenen Welt wider. Dabei hat der Ekel vor allem eine provozierende und aufrüttelnde Wirkung, kann aber auch als Allegorie der Wirklichkeit gesehen werden.

3.3. Wahrnehmungsproblematik und Weltbild im Frühexpressionismus

Frühe Formen der expressionistischen Lyrik waren vor allem durch die Wahrnehmungen der modernen Großstadt geprägt. In Deutschland war Berlin das Zentrum der Industrialisierung und der Entwicklung einer modernen Gesellschaft. Die Wahrnehmung der Großstadt wirkte auf den Autor und seine Werke zurück. Meist handelte es sich bei den Eindrücken um eine Schockerfahrung. Die Bilder der Stadt und ihrer Bewohner waren neu für die Autoren. Menschenmassen, wachsende Industrie, forschreitende Technisierung und die Veränderung der Lebensbedingungen schockierten ihn. In der Reihungslyrik spiegeln sich die Erfahrungen in der Aneinanderreihung von heterogenen Bildern wider.[325]

Insbesondere die Lyrik van Hoddis zeigt die wechselnden und auf den Autor einstürzenden Eindrücke der Großstadt:

---

[324] Benn, Gottfried: Negerbraut. In: Ders.: Werke, Bd. 3, S. 9.
[325] Expressionismus. Hrsg. von Vietta, Silvio; Hans-Georg Kemper, S. 39.

Dem Bürger fliegt vom spitzen Kopf der Hut,
In allen Lüften hallt es wie Geschrei,
Dachdecker stürzen ab und gehen entzwei
Und an den Küsten- liest man- steigt die Flut.[326]

Die frühen Gedichte Benns offenbaren keine solche Form. In den behandelten Texten beschreibt Benn meist eine oder mehrer Szenen, die in einem thematischen Zusammenhang stehen.

Obwohl er ebenso wie Heym und van Hoddis die Großstadt erlebte, zeigt sich diese Wahrnehmung nicht an der Form seiner Gedichte. Benn verarbeitete seine Erfahrungen auf thematischer Ebene und durch Stilmittel innerhalb der Dichtungen, z.B. die Verdinglichung der Personen, auf die an späterer Stelle eingegangen wird. Der typische Reihungsstil findet sich erst in den Rönne-Novellen. Die Reihung der Bilder entspricht hier einer Reihung von Szenen und Assoziationen, die nur locker verbunden sind. Der Assoziationsfluss des Subjekts erscheint als eine dissoziierte innere Wahrnehmungskette, wenn dem Arzt Rönne in „Die Eroberung"[327] durch den Kopf schießt:

> [...] er musste noch einmal zurück gehen – wahrscheinlich in sein Büro - ,
> wahrscheinlich einen Brief an einen Geschäftsfreund -, man kennt das ja selbst –
> ja, ja, so ist das Leben – man erzieht sich selbst – man muß manches opfern –
> aber nur den Kopf nicht sinken lassen – erhebt die Herzen – Sursum corda –
> der gestirnte Himmel – das dienende Glied.[328]

An diesem Auszug wird die Zerrissenheit der Subjekts in der Welt deutlich. Die Einheit von Ich und Welt ist zerbrochen, der Mensch wird zum einsamen Fremden in seiner eigenen Gesellschaft.

Diese Dissoziation von Ich und Welt spiegelt sich auch in der frühexpressionistischen Lyrik wider.

Geprägt wurde die Stimmung der Fremdheit und Sinnlosigkeit der Wirklichkeit und der umgebenen Realität vor allem von der Nihilismusanalyse Nietzsches, die schon auf die Gefühlslage der Dekadenten starken Einfluss hatte. Das Ekelhafte und auch die Darstellung der Hässlichkeit wurde zur Ausdrucksform der nihilistischen Tendenzen.

---

[326] Van Hoddis, Jakob: Dichtungen und Briefe. Hrsg. Von Bettina Nörtemann. Zürich 1987, S. 15.
[327] Benn, Gottfried: Die Eroberung. In: Ders.: Werke, Bd. 2; S 20-28.
[328] Benn, Gottfried: Die Eroberung. In: Ders.: Werke, Bd. 2, S. 23.

3.3.1 Nihilistische Einflüsse im Expressionismus

Nietzsche unterschied verschiedene Formen des Nihilismus. Der radikale Nihilismus läuft auf ein ‚Nein' zum Leben hinaus, in der Einsicht, dass jeder Glaube notwendiger Weise falsch ist, weil es „eine wahre Welt nicht gibt".[329] Der müde Nihilismus als psychologischer Zustand tritt dann auf, wenn der Mensch einen Sinn in allem gesucht hat, den es nicht gibt, „so daß der Sucher endlich den Mut verliert".[330] Es ist die Form, die „den Unglauben an eine metaphysische Welt in sich schließt, - welche sich den Glauben an eine wahre Welt verbietet".[331]

Benns frühe Lyrik spiegelt beide Formen des Nihilismus wider. Auf der einen Seite wird mit der Häufung der ekelerregende Motive eine Abwehrhaltung offensichtlich, auf der anderen Seite reflektiert Benns Haltung gegenüber der Religion eine mutlose Haltung, die aus dem Zusammenberechen seines Menschenbildes resultiert. Die Hinwendung zum Ekel als Merkmal eines dekadenten Lebensgefühls habe ich im vorigen Kapitel erläutert.

Benns religiös-christliches Menschenbild wurde mehrmals kurz erwähnt, doch soll es an dieser Stelle eingehender erläutert werden.

Gottfried Benn stammt aus einem evangelischen Pfarrhaus. Sein Vater sowie sein Großvater waren Dorfgeistliche. Kurz nach seiner Geburt siedelte die Familie nach Sellin über, wo der Vater ein Pastoramt übernahm. Trotz der wenigen Zeugnisse über seine Jugend, geht die Forschung davon aus, dass Benn eine streng evangelisch-lutherische Erziehung genoss.[332]

Die Auswirkungen dieser Erziehung zeigen sich an der folgenden Textstelle:

> Dunkel war der Garten meiner Jugend, morsch und die kleinen Brücken und die Bretter fielen ein. Von Anfang an war alles Schwere da, aller Kummer so von selbst, so vorbereitet war ich früh, dass er galt, eine kleine Weile zu bestehen, wo es keine Hoffnung gab.[333]

---

[329] Nietzsche, Friedrich: Hinfall der kosmologischen Werte. In Ders.: Werke in drei Bänden. München 1955, S.677.
[330] Nietzsche, Friedrich: Hinfall der kosmologischen Werte, S. 676.
[331] Nietzsche, Friedrich: Hinfall der kosmologischen Werte, S. 678.
[332] Balser, Hans-Dieter: Das Problem des Nihilismus im Werke Gottfried Benns, S. 24.
[333] Benn, Gottfried: Anmerkungen zu Querschnitt. In: Ders.: Werke, Bd. 2, S. 464.

Es zeigt sich ein negatives Weltverständnis. Der Mensch ist der Gequälte, der eine „kleine Weile ausharren"[334] muss bis zum Tod. Nicht eine Hinwendung zum Christentum, eine Erlösung und Erleichterung durch den Glauben, wurde durch die Erziehung erreicht, sondern schon der junge Benn wurde dem Christentum entfremdet. Die Auseinandersetzung und der Bruch mit dem christlichen Welt- und Menschenbild ist in seinen frühen Gedichten, besonders dem Zyklus Morgue, offensichtlich. Schon die bewusste Diskrepanz zwischen Titel und Inhalt zielt auf Schockwirkung und Provokation, die mittels Themen- und Motivwahl unterstützt wird. „Requiem"[335] zeigt deutlich, dass in der an Verfall und Krankheit orientierten Welt der Sektionslyrik kein Platz für christliche Glaubenswahrheiten ist:

[...] Und Gottes Tempel und Teufels Stall
nun Brust an Brust auf eines Kübels Boden
begrinsen Golgatha und Sündenfall[336]

Der Mensch wird nicht mehr als höheres Wesen begriffen. Sein zerlegter Leib wird Fäulnis und Verwesung preisgegeben, von Erlösung wird nicht gesprochen. Die Unsterblichkeit wird als Lüge entlarvt, auch der Mensch ist Tod und Verwesung ausgesetzt. Die Glaubenslehre musste der Realität Platz machen, die für Benn aus Krankheit, Tod und Sektion besteht. Das Lebensende ist somit kein Neuanfang eines Lebens im Jenseits, sondern definitives Ende und höchstens eine Rückkehr zum Nichts.

Hier schwillt der Acker schon um jedes Bett.
Fleisch ebnet sich zu Land. Glut gibt sich fort.
Saft schickt sich an zu rinnen. Erde ruft.[337]

Der Mensch ist lediglich ein fleischerner Leib, der sich nach seinem Tod auflöst und zu Erde wird. Eine Seele oder eine mögliche Auferstehung wird nicht angesprochen. Tod bedeutet nicht Erlösung, sondern Auflösung.

Doch nicht nur dieser Ton bestimmt die frühen Gedichte Benns. Auch der angesprochene Spott der Religion gegenüber ist eine Auswirkung der nihilistischen Gefühlslage. Der vielzitierte Vers „Die Krone der Schöpfung, das Schwein, der Mensch"[338] zeigt den Zusammenbruch der Glaubenswelt, der schon in der Kindheit Benns seine Anfänge hat.

---

[334] Ebd.
[335] Benn, Gottfried: Requiem. In: Ders.: Werke, Bd. 3, S. 10.
[336] Ebd.
[337] Benn, Gottfried: Mann und Frau gehen durch die Krebsbaracke. In: Ders.: Werke, Bd. 3, S. 15.
[338] Benn, Gottfried: Der Arzt I. In: Ders.: Werke, Bd. 3, S. 11.

Dieser Vers offenbart das Ende eines alten und überlieferten Menschenbilds und verkehrt es in das Gegenteil. Der Mensch verliert seine Sonderstellung und wird zum Tier erniedrigt. Zugleich lässt der Vers Benns Verachtung für die Welt erkennen, die von Elend und Niedrigkeit regiert wird. Diese Verachtung, dieser Zorn, spiegelt sich in den ekelhaften Beschreibungen der Morgue-Gedichte wider. Die Aufnahme solcher Ekelmotive ermöglicht ihm, seiner Abscheu Ausdruck zu verschaffen und ist zugleich Zivilisationskritik. Er erlebt seine Umwelt als ekelhaft, denn sie ist eine Lüge. Die Menschen erlügen sich ein Jenseits und einen gütigen Gott, um sich ihrem eigenen Verfall und ihrem Elend nicht stellen zu müssen. Der betrogene Pfarrerssohn hat für die christliche Religion nur noch Hass und Spott übrig, die in seiner ekelhaften und herabwürdigenden Wortwahl Niederschlag finden.

„Kleine Aster"[339] und „Schöne Jugend"[340] bringen weitere Beispiele für die Erniedrigung des Menschen bis auf die Stufe des Tiers. In Kapitel 1.1.4 wurde schon eine fast zärtliche Behandlung der Aster, wie auch der Ratten, beobachtet, die zugleich eine Abwendung vom menschlichen Subjekt bedeutet. Der Mensch ist es nicht mehr wert, bemitleidet zu werden. Den Gipfel seiner Menschenverachtung erreicht Benn in „Nachtcafé".[341] Dort wird der Mensch anhand abstoßender und kranker Körpermerkmale beschrieben. Das Ekelhafte des menschlichen Daseins wird hervorgehoben, um die Vorherrschaft des Gottesgeschöpfs vollends zu zerstören. Zugleich wirft sich die indirekte Frage nach der Güte oder gar der Existenz Gottes auf, die Benn zwar in Frage stellt, jedoch nicht ausdrücklich verneint.

Eine endgültige Antwort auf die Frage nach dem Ende der Religion ist in der frühen Lyrik Benns nicht zu finden. Bessere Auskunft geben z.B. die frühe Prosa, dramatische Szenen und Essays.[342]

Balser[343] macht eine weitere Reaktionsweise Benns auf den Nihilismus aus. Als typisches Beispiel für den Nihilismus des frühen Benn führt er das Gedicht „Räuber-Schiller"[344] an. Er beobachtet einen von „tiefem Ekel provozierte[n] Vernichtungswille[n]",[345] der sich nicht nur

---

[339] Benn, Gottfried: Kleine Aster. In: Ders.: Werke, Bd. 3, S. 7.
[340] Benn, Gottfried: Schöne Jugend. In: Ders.: Werke, Bd. 3, S. 8.
[341] Benn, Gottfried: Nachtcafé. In: Ders.: Werke, Bd. 3, S. 18.
[342] Vgl. Balser, Hans-Dieter: Das Problem des Nihilismus im Werke Gottfried Benns, S. 47.
[343] Balser, Hans-Dieter: Das Problem des Nihilismus im Werke Gottfried Benns, S. 49.
[344] Benn, Gottfried: Räuber Schiller. In: Ders.: Werke, Bd. 3, S. 369.
[345] Balser, Hans-Dieter: Das Problem des Nihilismus im Werke Gottfried Benns, S. 49.

gegen die Mitmenschen, sondern auch gegen das eigene Ich richtet. Das Ich wurde von dem Gefühl der eigenen Nichtigkeit nahezu zerstört. Zugleich ist es getrieben von einem Vernichtungswillen, der sich auf die Welt richtet. Dieser Wille ist in den hier behandelten Gedichten noch nicht zu finden. Zorn und Verachtung herrschen vor, doch ist der Wille zur Bekämpfung des Ichs und der Umwelt noch nicht ausgeprägt. Die Reflektion auf das eigene Ich fehlt in diesen Gedichten, ein lyrisches Ich ist entweder nicht vorhanden oder nur als eine Art Erzähler sehr schwach ausgeprägt, z.B. in „Kleine Aster".[346] Die Auseinadersetzung mit dem eigenen Bewusstsein scheint erst zu erfolgen, nachdem der Zorn und die Verachtung erschöpft waren. In den späteren Gedichten entwickelt sich das Problem des Bewusstseins, unter dem der Mensch zu leiden hat.[347] Das Bewusstsein hält den Menschen fest und macht es ihm unmöglich, auf die Stufe des Vorbewusst-Tierischen zu sinken. Eben auf diese Stufe stellte Benn den Menschen jedoch in den frühen Gedichten in erniedrigender Weise. Das Menschenbild Benns wandelt sich demzufolge im Laufe der Jahre in entscheidender Weise. Was anfing als Ekel vor dem Leben und der Welt, wird zu einem Ekel dem eigenen Bewusstseins-Ich.[348] Der Zorn auf die ihn umgebenden Welt hat sich auch gegen sich selbst gerichtet. Nicht nur die reale Umwelt führt zur Verachtung, sondern die Quelle des Ekels liegt in den Menschen und ist so unausweichlich geworden.

In den in dieser Arbeit behandelten Gedichten herrscht jedoch die Abscheu vor den dem Verwesen und den Krankheiten ausgesetzten Menschen vor, die schon vielfach auch als Gesellschaftskritik interpretiert wurde. Zu beobachten ist, dass Benns eigener Ekel, der aus seinen Erfahrungen als Arzt und den Erfahrungen durch den Tod seiner Mutter[349] resultiert, zum Ausdruck des allgemeinen Lebensgefühls der Epoche wurde.

In der Entpersonifizierung und Verdinglichung des menschlichen Subjekts zeigt sich die kritische und abweisende Haltung Benns gegenüber seinen Mitmenschen.

---

[346] Benn, Gottfried: Kleine Aster. In: Ders.: Werke, Bd. 3, S. 7.
[347] Vgl. Balser, Hans-Dieter: Das Problem des Nihilismus im Werke Gottfried Benns, S.50 f.
[348] Ebd.
[349] Obwohl die Mutter im Sterben lag und unter Schmerzen litt, verbot Benns Vater ihm ihr zu helfen, da er der Ansicht war, dass alles Leid von Gott gewollt ist und durchgestanden werden müsse. Benns Verhältnis zur Religion erfuhr durch dieses Erlebnis einen weiteren Bruch.

3.3.2 Entpersonifizierung und Verdinglichung des Menschen

Das Stilmittel der Entpersonifizierung und Verdinglichung des Menschen ist typisch für die Literatur des Expressionismus. Die Entfremdung des Subjekts ist besonders im Frühexpressionismus spürbar. In der späteren Literatur wird dagegen der Ruf nach einem neuen Menschen laut. Geprägt von den Eindrücken der anwachsenden und pulsierenden Großstadt Berlin, waren die Autoren des Frühexpressionismus ergriffen von dem Gefühl der Isolierung und der Autonomisierung des Menschen in der Gesellschaft. Der Eindruck des Fremdseins in der eigenen Welt wurde in der Literatur umgesetzt. Die dadurch entstandene sprachliche Verfremdung und der von der Norm abweichende Ausdruck hat zudem die Funktion, verdeckte Aspekte der Wirklichkeit sichtbar zu machen. Diese Entlarvung bringt die Gesetze an die Oberfläche, die die Gesellschaft bestimmen. In manchen Metaphern dieser Zeit zeigten sich latente, nicht bewusst wahrgenommene Aspekte der Wirklichkeit, die der Autor nicht anders explizit machen konnte.[350]

In den frühen Gedichten Gottfried Benns zeigt sich die Entfremdung meist schon an der Diskrepanz zwischen Titel und Inhalt des Gedichtes. Im Gegensatz zu anderen Expressionisten betreibt Benn die Verdinglichung des Ichs in kaum zu überbietender Härte und Brutalität. verzichtet dabei allerdings auf die zu „mythischen Personenallegorien verdichtete Objektwelt".[351] Ein Blick auf Heyms Morgue-Gedicht verdeutlicht Benns sprachliche Brutalität. Zwar ist auch hier der Verfall des Menschen ein Thema, doch erreicht Heym nicht die erbarmungslose Verachtung Benns:

> Die Würmer blähen sich in seiner Schwäre,
> Sie kriechen satt die rote Stirn entlang[352]
> Und werden wir langsam zerfallen,
> In dem Gelächter des Monds[353]

Im Vergleich zu Benns Dichtungen erscheinen diese Zeilen recht harmlos und nahezu sanft gegenüber Werken wie „Kleine Aster"[354] oder auch „Nachtcafé".[355]

---

[350] Expressionismus. Hrsg. von Vietta, Silvio; Hans-Georg Kemper, S.46.
[351] Expressionismus, S. 61.
[352] Heym, Georg: Der Schläfer im Walde. In: Ders.: Gedichte, S. 26.
[353] Heym, Georg: Die Morgue, S. 69.

Benn zeigt die Tendenz zur Entfremdung durch die Reduktion der Personen auf ihre hässlichen Körpermerkmale. Das Subjekt wird dabei auf den abstoßenden Teil seiner Attribute degradiert.

Der Mann:
Hier diese Reihe sind zerfallene Schöße
und diese Reihe ist zerfallene Brust.[356]

Komm, hebe ruhig diese Decke auf.
Sieh, dieser Klumpen Fett und faule Säfte,
das war einst irgendein Mann groß
und hieß auch Rausch und Heimat.[357]

Die Degradierung des Menschen auf die Attribute der Krankheit und des Verfalls ist offensichtlich. Der Mensch ist kein Individuum mehr. Vor langer Zeit war er „irgendein Mann groß"[358] nun ist der nur noch der fleischliche Leib, der als Träger der Krankheit fungiert und dem fortschreitenden Verfall ausgesetzt ist.

Noch viel pointierter zeigt sich der Einsatz des Stilmittels der Entpersonifizierung in dem Gedichte „Nachtcafé".[359]

824: Der Frauen Liebe und Leben.
Das Cello trinkt rasch mal. Die Flöte
rülpst tief drei Takte lang: das schöne Abendbrot.
Die Trommel liest den Kriminalroman zu Ende.

Grüne Zähne, Pickel im Gesicht
winkt einer Lidrandentzündung.

Fett im Haar
spricht zu offenem Mund mit Rachenmandel
Glaube Liebe Hoffnung um den Hals.

Junger Kropf ist Sattelnase gut.
Er bezahlt für sie drei Biere.

---

[354] Benn, Gottfried: Kleine Aster. In: Ders.: Werke, Bd. 3, S. 7.
[355] Benn, Gottfried: Nachtcafé. In: Ders.: Werke, Bd. 3, S. 18.
[356] Benn, Gottfried: Mann und Frau gehen durch die Krebsbaracke. In: Ders.: Werke, Bd. 3, S. 14 f.
[357] Ebd.
[358] Ebd.
[359] Benn, Gottfried: Nachtcafé. In: Ders.: Werke, Bd. 3, S. 18.

Bartflechte kauft Nelken
Doppelkinn zu erweichen.

B-Moll: die 35. Sonate
Zwei Augen brüllen auf:
Spritzt nicht das Blut von Chopin in den Saal,
damit das Pack drauf rumlatscht!
Schluß! He Gigi!-

Die Tür fließt hin: Ein Weib.
Wüste ausgedörrt. kannaaitisch braun.
Keusch. Höhlenreich. Ein Duft kommt mit.
                    Kaum Duft.
Es ist nur die süße Vorwölbung der Luft
gegen mein Gehirn.

Eine Fettleibigkeit trippelt hinterher. [360]

Hier nennt Benn anstelle der Personen, pars pro toto, nur die Symptome des Zerfalls oder der verunstaltenden Krankheiten. Die Eingangsverse treiben dieses Verfahren auf die Spitze, indem sie das Musizieren der Instrumente als Sauf- und Rülpsgeschehen verhäßlichen. Die Instrumente sind zudem eine Metapher für die Personen. Benn stellt mit diesen Kunstgriff die Auswechselbarkeit der Musiker dar, die selbst zu ihren Arbeitsgeräten werden, welche sie ohne Interesse traktieren. Das Beschriebene steht in doppelten Sinn im Gegensatz zur schönen Kunst aufgrund des Inhalts und der sprachlichen Beschreibung. Nicht nur die Personen erfahren eine Verdinglichung, auch die Instrumente werden von Benn personifiziert. In beiden Fällen dominiert jedoch der Aspekt des Hässlichen und Ekelerregenden.

Die scheinbare Ausnahme dieser Hässlichkeit, ein Sinnlichkeit verbreitendes Weib, wird durch ihren Anhang, die „Fettleibigkeit",[361] rasch entlarvt.

Jegliche Personalität ist in einzelne Attribute aufgelöst. Die Ganzheit des Subjekts löst sich auf und wird zu ekligen Attributen verdinglicht. Im Hinblick auf die vorigen Kapitel zeigt diese Darstellung implizit die Verfassung des Subjekts in der modernen Gesellschaft. Die Individualität geht in eine allgemeine Verfremdung über, die das Subjekt die Anonymität der Stadt empfinden lässt. Hinter der verfremdenden Perspektive ist der sezierende Blick Benns spürbar und auch der von Nietzsche vermittelte Lebensekel ist in der Hinwendung zu einer Ästhetik des Hässlichen und Ekelhaften spürbar.

---

[360] Benn, Gottfried: Nachtcafé. In: Ders.: Werke, Bd. 3, S. 18.
[361] Ebd.

War es der moderne Transzendenzverlust, der sich, beeinflusst durch den Nihilismus, in Benns spöttischer Abwendung von der Religion widerspiegelte, so ist in der Verfremdung und Entpersonifizierung des Subjekts vor allem seine eigene Erfahrung in der Großstadt reflektiert. Beides spiegelt sich jedoch in der Hinwendung zu ekelhaften Motiven wider, die hauptsächlich aus dem Themenkreis des Verfalls des Menschen stammen und implizit auch den Verfall der Gesellschaft und der traditionellen Werte beschreiben.

Eine definitive Einordnung Benns in die Epoche des Fin de Siècle oder den Expressionismus ist auch nach Fertigstellung dieses Kapitels nicht möglich. Offensichtlich wurde aber, dass Benn sowohl das Lebensgefühl der Dekadenten in mancher Hinsicht teilt, was auf seiner Affinität zu Nietzsche beruht. Mit Baudelaire zeigten sich einige Gemeinsamkeiten, die jedoch auf gemeinsame Eindrücke und Stimmungen zurückzuführen sind und nicht auf eine direkte Bekanntschaft Benns mit den Werken des französischen Autors.

Der Einfluss Nietzsches setzt sich in der Zeit des Frühexpressionismus in noch stärkerem Maße durch. Durch die Beeinflussungen Nietzsches und geprägt von den Eindrücken der sich verändernden Umwelt, nutzt Benn typische Stilmittel des Expressionismus, insbesondere die Entpersonifizierung und Verdinglichung des Subjekts. Seine Tendenz zum Ekelhaften ergibt sich durch die beobachteten Einflüsse und Wahrnehmungsprobleme. Benn ist weder einer der Epochen genau zuzuordnen, noch ist er aus einer von ihnen auszuschließen. Gottfried Benn ist zur Entstehungszeit seiner frühen Gedichte ein Autor, der sowohl dem Fin de Siècle, der Dekadenz als auch dem Frühexpressionismus zugehörig ist. Immer scheint sich jedoch der Einfluss der umgebenen Realität und der Nihilismusanalyse Nietzsches in seinen Dichtungen widerspiegeln.

Ergebnis und Ausblick

Die Arbeit zeigte zunächst, mittels welcher Themen und Motive Gottfried Benn den Ekel in seine Gedichte, insbesondere im Zyklus Morgue, einbringt.

Es wird deutlich, dass Benn sich von der klassisch-ästhetischen Perspektive abwendet und dem Ekel einen Platz in seiner Dichtung einräumt. Offensichtlich wurde die Zurückweisung klassischer Schönheitsideale, besonders indem Vergleich der Körperbeschreibungen Benns und der Idealkörper, die Winckelmann beschrieb. Leider konnte an dieser Stelle aus Gründen des Platzmangels nicht definitiv nachgewiesen werden, ob Benn sich bewusst gegen diese Idealkörper wendet oder, ob sich dieser Kunstgriff nur aus Zufall ergab, da sich Benn Zeit seines Lebens mit der griechischen Antike befasste und auch eine humanistische Bildung genoss. Eine genauere Analyse dieser Fragestellung wäre wünschenswert, da sie über die bisher erschienen Werke über das Verhältnis Benns zur Antike hinausginge.

Eine Relation zwischen der schwarzen Romantik und Benn war schwerlich festzustellen. Zwar teilen sowohl die Romantiker als auch Benn die Lust am Ekelhaften, konkrete Unterschiede waren in Themenwahl, der Art des Ekelhaften und dem Ziel der Darstellung kaum nachzuweisen.

Obwohl es mir leider nicht möglich war aufzuzeigen, ob Benn mit der Ästhetik des Hässlichen vertraut war, war es vertretbar, Gemeinsamkeiten zwischen Benns Dichtungen und der Philosophie Rosenkranz' nachzuweisen und auch die Theorie aufzustellen, dass Benn diese philosophische Theorie an manchen Stellen erweitert. Sobald sich Rosenkranz allerdings auf die Literatur bezieht, heben sich diese Gemeinsamkeiten auf. Für die zukünftige Forschung ist es eine interessante Aufgabe nachzuweisen, ob Benn die philosophischen Werke Karl Rosenkranz tatsächlich gekannt hat und in welcher Weise sie auch Benns spätere Werke prägten.

Eine Beziehung Benns zum Naturalismus wird in der Sekundärliteratur des Öfteren in Bezug auf die realen Beschreibungen der Morgue-Gedichte dargelegt. Anhand meiner Analyse wurde jedoch offensichtlich, dass eine solche Beziehung sehr schwach ist. Stilistisch folgt Benn den Naturalisten nur in der zeitweisen Verwendung einer jargonhaften Sprache. Zwar greift auch Benn bei der Beschreibung der Menschen auf hässliche Topoi zurück, doch klagt er weder die realen Zustände an, noch intendiert er mit seinen Gedichten eine Veränderung der bestehenden Realität.

Die Intention der Gedichte, Benns Weltbild auszudrücken und auch als Zivilisationskritik zu fungieren, wurde besonders im letzen Kapitel deutlich. Stilistische und thematische Übereinstimmungen zwischen Benn und den Dekadenten konnten nachgewiesen werden. Den so genannten Lebensekel, ,Ennui', teilt Benn mit den Dekadenten und lässt ihn in seinen Dichtungen deutlich hervortreten. Zwischen Baudelaires Dichtungen und Benns frühen Gedichten konnten deutliche Konkordanzen ausgemacht werden. Diese ergaben sich aber nicht aus einer persönlichen Bekanntschaft oder auch nur der Kenntnis der Werke der Dichter, sondern aus der ähnlichen Wirklichkeitserfahrung der Autoren.

Diese Wahrnehmung der Umwelt, im Falle Benns der Krankenhausumgebung und der Großstadt Berlins, ist zusammen mit den Einflüssen der Nihilismusanalyse Nietzsches ein entscheidender Faktor für Benns Ekel vor der Wirklichkeit und der daraus resultierenden Einbringung des Ekels in seine Werke. Besonders deutlich wurde dies bei der Besprechung des Zusammenhangs zwischen dem Nihilismus und Benns zerbrochenem Verhältnis zur Religion, aus dem sein spöttisches und teilweise verachtendes Verhältnis zu den traditionell christlichen Vorstellungen resultiert. Auch durch die Entpersonifizierung der Personen zeigte sich Benns Verhältnis zur Wirklichkeit, das von Verachtung, Desillusionierung und Ekel geprägt war.

Als maßgebliche Faktoren für das Auftreten des Ekels in Benns frühen Gedichten konnten seine Wirklichkeitserfahrung, sein Menschenbild und seine Hinwendung zum Nihilismus ausgemacht werden. Auf der stilistischen Ebene war in den Ekeldarstellungen eine Opposition zum klassischen Idealkörper festzustellen, die in seiner Affinität zur Antike begründet war. Gemeinsamkeiten mit anderen Epochen und Theorien waren sicherlich zu beobachten, doch konnte nicht definitiv festgestellt werden, ob diese beabsichtigt waren.

Eine eingehendere Forschung zu den Einflussfaktoren, die den Ekel in Benns frühen Gedichten auslösten, wäre interessant und würde vielleicht noch weitere, in dieser Arbeit noch nicht angesprochene Faktoren aufdecken.

Literaturverzeichnis (inklusive weiterführender Literatur)

Allgemeine Literatur zum Thema Ekel:

Kolnai, Aurel: Der Ekel. In: Beiträge zur Phänomenologie des ästhetischen Genusses. Hrsg. von Moritz Geiger. Tübingen 1974, S. 119-170.

Menninghaus, Winfried: Ekel. Theorie und Geschichte einer starken Empfindung. Frankfurt a.M. 1990.

Michel, Karl Markus; Ingrid Karsunke; Tilman Spengler: Kursbuch 129. Ekel und Allergie. Berlin 1997.

Quellen:

Batteux, Charles: Einschränkung der schönen Künste auf einen einzigen Grundsatz. Aus dem Französischen übersetzt und mit Abhandlungen begleitet von Johann Adolf Schlegel. Hildesheim/New York 1976.

Baudelaire, Charles: Die Blumen des Bösen. Hrsg. von Sigmar Löffler und Manfred Starke (dt.-frz.). Leipzig 1990.

Benn, Gottfried: Gesammelte Werke in vier Bänden. Hrsg. von Dieter Wellershoff. Stuttgart 1995.

Benn, Gottfried: Aufbau der Persönlichkeit. In: Ders.: Werke, Bd. 1.

Benn, Gottfried: Beitrag zur Geschichte der Psychiatrie. In: Ders.: Werke, Bd. 4.

Benn, Gottfried: Die Eroberung. In: Ders.: Werke, Bd. 2.

Benn, Gottfried: Frühe Lyrik und Dramen. In: Ders.: Werke, Bd. 4.

Benn, Gottfried: Gedichte. In: Ders.: Werke, Bd. 3.

Benn, Gottfried: In: Ders.: Werke, Bd. 2.

Benn, Gottfried: Lebensweg eines Intellektualisten. In: Ders.: Werke, Bd. 4.

Benn, Gottfried: Querschnitt In: Ders.: Werke, Bd. 2.

Benn, Gottfried: Gedichte in der Fassung der Erstdrucke. Mit einer Einführung hrsg. von Bruno Hillebrand. Frankfurt a. M 1982.

Blei Franz: Das große Bestiarium der Literatur. Hg. von Rolf-Peter Baacke. Hamburg 1995.

Otten, Karl: Expressionismus – grotesk. Hrsg. von. Zürich 1962.

Herder, Johan Gottfried: Die Plastik von 1770. In: Ders.: Sämtliche Werke, Bd. 8. Hrsg. von Bernd Suphan. Hildesheim 1967.

Heym, Georg: Gedichte: Hrsg. und mit einem Nachwort versehen von Stephan Hermlin. Frankfurt a. M. 1966.

Horaz: Oden und Epoden (lat.-dt.). Übersetzt und hrsg. von Bernhard Kytzler. Stuttgart 1978.

Kafka, Franz: Das Urteil. In: Ders.: Das Urteil und andere Prosa. Stuttgart 1998.

Kant, Immanuel: Anthropologie in pragmatischer Hinsicht. In: Kants gesammelte Schriften (KGS). Hrsg. von der Königlich Preußischen Akademie der Wissenschaften. Berlin 1907, Bd. 7.

Lessing, Gotthold Ephraim: Laokoon. In: Ders.: Werke, Bd. 6. Kunsttheoretische und kunsthistorische Schriften. Darmstadt 1974.

Mendelssohn, Moses: 82. Literaturbrief. J. A. Schlegel zu Batteux' Kunsttheorie. In: Ders.: Gesammelte Schriften. Jubiläumsausgabe, Bd. 5,1 (Rezensionsartikel in Briefe, die neueste Literatur betreffend, 1759-1765, bearbeitet von Eva J. Engel). Stuttgart 1991, S. 130-133.

Nietzsche, Friedrich: Sämtliche Werke. Kritische Studienausgabe (KSA). Hrsg. von Giorgio Colli und Mazzino Montinari. München 1980.

Nietzsche, Friedrich: Also sprach Zarathustra. In: Ders.: KSA, Bd. 1.

Nietzsche, Friedrich: Die fröhliche Wissenschaft. In: Ders.: KSA, Bd. 3.

Nietzsche, Friedrich: Die Geburt der Tragödie. In: Ders.: KSA, Bd. 1.

Nietzsche, Friedrich: Ecce homo. In: Ders.: KSA, Bd. 6.

Nietzsche, Friedrich: Jenseits von Gut und Böse. In: Ders.: KSA, Bd. 5.

Nietzsche, Friedrich: Nachgelassene Fragmente. In: Ders.: KSA, Bd. 7-13.

Nietzsche, Friedrich: Zur Genealogie der Moral. In: Ders.: KSA, Bd. 5.

Nietzsche, Friedrich: Hinfall der Kosmologischen Werte. In: Ders.: Werke in drei Bänden, Bd. 3. München 1956.

O.A.: Ein Tierkäfig. Pariser Idylle. In: Die Gesellschaft (1) 1885, S. 7-10.

Rilke, Rainer Maria: Die Aufzeichnungen des Malte Laurids Brigge. In: Ders.: Gedichte und Prosa. Köln 2000, S. 91-297.

Rosenkranz, Karl: Ästhetik des Häßlichen. Mit einem Vorwort zum Neudruck von Wolfhart Henckmann. Darmstadt 1973.

Schlegel, Friedrich: Über das Studium der Griechischen Poesie. In: Kritische Friedrich-Schlegel-Ausgabe, Bd. 2. Hrsg. von Ernst Behler unter Mitwirkung von Jean Jacques Anstett und Hans Eichner. Paderborn u.a. 1958.

Sophokles: Philoktetes, in: Ders.: Dramen (gr.-dt.). Hrsg. von Wilhelm Willige. München/ Zürich 1985, S. 38-39.

Sydow, Eckhart von: Die Kultur der Dekadenz. Dresden 1921.

Van Hoddis, Jakob: Dichtungen und Briefe. Hrsg. von Bettina Nörtemann. Zürich 1987.

Winckelmann, Johann Joachim: Kunsttheoretischen Schriften. Gedanken über die Nachahmung der griechischen Werke in der Malerei und Bildhauerkunst. Baden-Baden/Straßburg 1962.

Sekundärliteratur:

Anz, Thomas: Literatur des Expressionismus. Weimar 2002.

Bahr, Hermann: Zur Überwindung des Naturalismus. Stuttgart 1968.

Balser, Hans-Dieter: Das Problem des Nihilismus im Werke Gottfried Benns. Bonn 1965.

Bogdal, Klaus-Michael: Schaurige Bilder. Der Arbeiter im Blick des Bürgers. Frankfurt a. M. 1978.

Buddenberg, Else: Probleme um Benn. Stuttgart 1962.

Buddecke, Wolfram: Gottfried Benn. In: Deutsche Dichter des 20. Jahrhunderts. Hrsg. Von Hartmut Steinecke. Berlin 1994.

Dieckmann, Herbert: Das Abscheuliche und Schreckliche in der Kunsttheorie des 18. Jahrhunderts. In: Die nicht mehr schönen Künste. Grenzphänomene des Ästhetischen. Hrsg. von Hans Robert Jauß. München 1968, S. 271-319.

Doktor, Thomas; Carla Spies: Gottfried Benn – Rainald Goetz. Medium Literatur zwischen Pathologie und Poetologie. Opladen 1997.

Eyckmann, Christoph: Die Funktion des Hässlichen in der Lyrik Georg Heyms, Georg Trakls und Gottfried Benns. Zur Krise der Wirklichkeitserfahrung im deutschen Expressionismus. Bonn 1965.

Fick, Monika: Literatur der Dekadenz in Deutschland. In: Hansers Sozialgeschichte der deutschen Literatur, Bd. 7. Naturalismus, Fin de siècle, Expressionismus, 1890-1918. Hrsg. von York-Gothart Mix. München/Wien 2000, S. 219-231.

Funk, Holger: Ästhetik des Häßlichen. Beiträge zum Verständnis negativer Ausdrucksformen im 19. Jh. Berlin 1983.

Hohendahl, Peter Uwe (Hg.): Benn. Wirkung wider Willen. Dokumente zur Wirkungsgeschichte Benns. Frankfurt a. M. 1971.

Homeyer, Helene: Gottfried Benn und die Antike. In: Zeitschrift für Deutsche Philologie (79) 1960.

Horch, Hans Otto: Gottfried Benn – Worte Texte Sinn. Darmstadt 1975.

Jens, Walter: Sektion und Vogelflug. In: Ders.: Statt einer Literaturgeschichte, S. 231-255 Düsseldorf/Zürich 1998.

Jens, Walter: Statt einer Literaturgeschichte. Düsseldorf/Zürich 1998.

Kafitz, Dieter (Hg.): Dekadenz in Deutschland: Beiträge zur Erforschung der Romanliteratur um die Jahrhundertwende. Frankfurt a. M., Bern, New York 1987.

Killy, Walter: Wandlungen des lyrischen Bildes. Göttingen 1956.

Lenning, Walter: Gottfried Benn mit Selbstzeugnissen und Bilddokumenten. Dargestellt von Walter Lenning. Reinbeck 1991.

Liessmann, Konrad Paul: „Ekel! Ekel! – Wehe mir!". Eine kleine Philosophie des Abscheus. In: Kursbuch 129. Ekel und Allergie. Hrsg. von: Karl Markus Michel, Ingrid Karsunke, Tilman Springer. Berlin 1997, S. 101-111.

Loose, Gerhard: Die Ästhetik Gottfried Benns. Frankfurt a. M. 1961.

Mahal, Günther (Hg.): Naturalismus. München 1990 (UTB 363).

Meyer, Theo: Naturalistische Literaturtheorien. In: Hansers Sozialgeschichte der deutschen Literatur, Bd. 7. Naturalismus, Fin de siècle, Expressionismus, 1890-1918. Hrsg. von York-Gothart Mix. München/Wien 2000, S. 28-44.

Otten, Karl: Expressionismus – grotesk. Hrsg. von. Zürich 1962.

Praz, Mario: Liebe, Tod und Teufel. Die schwarze Romantik. München 1994.

Rasch, Wolfdietrich: Fin de siècle als Ende und Neubeginn. In: Fin de Siècle. Zu Literatur und Kunst der Jahrhundertwende. Hrsg. von Roger Bauer Eckhard Heftrich u.a. Frankfurt a. M. 1977, S. 30-50.

Ridley, Hugh: Gottfried Benn. Ein Schrifsteller zwischen Erneuerung und Reaktion. Opladen 1990.

Rühmlopf, Peter: Ein modernes Liebesgedicht. In: 1000 deutsche Gedichte und ihre Interpretationen. Von Georg Trakl bis Gottfried Benn. Hrsg. von Marcel Reich-Ranicki. Frankfurt a. M. u.a. 1994, S. 211.

Sahlberg, Oskar: Gottfried Benns Phantasiewelt. „Wo Lust und Leiche winkt". München 1977.

Saner, Hans: Macht und Ohnmacht der Symbole. Essays. Basel 1993, S. 273 Anm. 1.

Vahland, Joachim: Gottfried Benn. Der unversöhnte Widerspruch. Heidelberg 1979.

Vietta, Silvio; Hans-Georg Kemper(Hgg.): Expressionismus. 5. verbesserte Auflage 1994. München 1994 (UTB 362).

Winko, Simone: Novellistik und Kurzprosa des Fin de Siècle. In: Hansers Sozialgeschichte der deutschen Literatur, Bd. 7. Naturalismus, Fin de siècle, Expressionismus, 1890-1918. Hrsg. von York-Gothart Mix. München/Wien 2000, S. 339-350.

Wirtz, Ursula: Die Sprachstruktur Gottfried Benns. Ein Vergleich mit Nietzsche. Göppingen 1971.

Wodtke, Friedrich Wilhelm: Die Antike im Werk Gottfried Benns. Wiesbaden 1963.

Wucherpfennig, Wolf: Antworten auf die naturwissenschaftlichen Herausforderungen in der Literatur der Jahrhundertwende. Hansers Sozialgeschichte der deutschen Literatur, Bd. 7. Naturalismus, Fin de siècle, Expressionismus, 1890-1918. Hrsg. von York-Gothart Mix. München/Wien 2000, S. 155-175.

Bildquelle:

http://images.zeno.org/Kunstwerke/I/big/1770051a.jpg, aktualisiert am 21.04.2016

Mehr zu diesem Thema finden Sie in „Ekel als ästhetisches Phänomen. Zur frühen Lyrik Gottfried Benns" von Simone Meyer, ISBN: 978-3-638-70158-7

http://www.grin.com/de/e-book/23077/

BEI GRIN MACHT SICH IHR
WISSEN BEZAHLT

- Wir veröffentlichen Ihre Hausarbeit,
  Bachelor- und Masterarbeit

- Ihr eigenes eBook und Buch -
  weltweit in allen wichtigen Shops

- Verdienen Sie an jedem Verkauf

Jetzt bei www.GRIN.com hochladen
und kostenlos publizieren